青弓社ライブラリー 72

SEIKYUSHA LIBRARY

「女子」の時代!

馬場伸彦/池田太臣 編著

青弓社

「女子」の時代！／目次

第6章　女子と鉄道趣味　信時哲郎　155

第7章　K-POPにはまる「女子」たち——ファン集団から見えるアジア　吉光正絵　199

装画――カマタミワ
装丁――伊勢功治

はじめに――いまなぜ女子の時代なのか？

馬場伸彦

本書は「女子」をテーマにした論集である。女子力、女子会、大人女子、腐女子、歴女、森ガール……。二〇〇〇年代以降の日本で「女子」はなぜこれほどまでに人々に広まったのか。また、この「女子」は、これまで語られてきた女性性とはどのように異なり、その性格の独自性はどこにあるのか。こういった問題関心に基づいて、本書では現代社会を軽やかに跳躍する「女子」の実態に多角的に迫ってみたいのである。

一般的には、「女子」という呼称は、女子高生や女子大生といったように制度のなかで規定された性別、あるいは成人未満の未成熟な「女性」を指示するものだと考えられる。その下位には「少女」が位置づけられ、成熟の段階と帰属する環境や制度によって両者は呼び分けられる。したがって本来なら女子高生と女子大生は学生であることを示唆する程度にとどまり、帰属する制度の違いとなる。また少女マンガであれば、それは少年マンガに対置するジャンルのことであり、「少女」と呼ばれる年齢層の読者を想定して編集されたマンガをいう。

「女子」と「少女」は類縁の概念にあたるのだが、成人未満の未成熟な「女性」という意味であれば、「女の子」という呼称のほうが「少女」には近いだろう。自らが語ることのない「少女」の客体性について澁澤龍彦は「少女は一般に社会的にも無知であり、無垢であり、小鳥や犬のように、主体的に語り出さない純粋客体、玩弄物的な存在をシンボライズしている」[1]と述べているが、受け身であるがゆえに性的欲望の対象となり語られるという言説は、「少女」に向けられた眼差しがいかに男性に偏重していたかを物語っている。「純粋客体」といえば、『不思議の国のアリス』の作者として知られるルイス・キャロルのコレクションされ整理された少女写真帳[2]がすぐさま思い浮かぶが、我が国の戦前における文学のなかにも「少女」に対する単一方向的な眼差しの例はいくらでも見出すことができる。たとえば田山花袋の『少女病』などはその典型であろう。主人公の男は美しい少女（女学生）を通勤電車のなかで発見し、一方的に見つめ続け、眼差しの悦楽に耽る。[3]

もちろん、そうした「純粋客体」性は、無垢な「少女」に限った話ではなく、女子高生や女子大生を記号として捉えた場合にも頻出し、そこに「意味されるもの」は単純な語義と異なった内容となっている。先述の女子高生や女子大生において、「本来なら」とわざわざ但し書きを加えなければならなかった理由には、その語が風俗的現象としてメディアをにぎわしているときには、しばしば語義を逸脱して隠喩的に「意味される」ことがあるからである。ある現象は常に文化的・社会的な意味の体系によって構成され、理解されるものだ。意味には絶えず背後の利害関係が顔をのぞかせており、それが作り出される社会的条件から切り離すことはできないのである。かつてブームとなった女子高生や女子大生とは、他者である男性が記号として意味づけた身勝手な幻想（まさしくこれが単一方向的な眼差しによって生起する）であり、それは商品として流通することさえあった。換言すれば、実態とはかけ離れた、男性にとって都合のいい隠喩だったのである。

しかし今日の「女子高生もの」はもう少し手が込んだ方法論で現出する。青山裕企の『スクールガール・コンプレックス』(イースト・プレス)に代表される妄想系写真集は、制服やルーズソックスなど記号化された隠喩を逆手に取り、見たことはないが懐かしい気持ちにさせる不思議な効果を生み出している。被写体となる女子高生は空間的・時間的限定性のなかに置かれる。その制度には年齢制限があり、それは大人でも子どもでもない貴重な猶予期間でもある。やがて失われるという猶予期間の限定性は被写体である彼女らを輝かせ、またその儚さゆえに、その場からすでに立ち去った者にとっては郷愁を掻き立てるのである。しかも『スクールガール・コンプレックス』のアート的に計算されたシュールで美しい映像は、男性ばかりか「女子」にも支持され、同様のアプローチの写真集を次々登場させる契機となった。そこには誰しもが抱えているある種の「喪失感」が漂っているからだろうか。

今日、「〇〇女子」や「女子会」といったように使われる「女子」という言葉には、「女子」といえども年齢は不問とされ、性差を前面に主張しながらも性的な隠喩は希薄である。つまりこの「女子」とは、「少女」の代理である「女子」ではないのだ。そこには男性視線的な性的含意が入り込む余地は少なく、当事者の嗜好性や行為がその命名の由来となっている。すなわち「〇〇女子」と命名された「女子」とは、対象として眼差される客体ではなく、当事者である「女性」自身が自称として語ったいわばグループ名なのであり、あるいは女性雑誌などが女性読者の共感を獲得するために付与したキャッチフレーズなのである。この主体性と当事者による命名動機は強調してもいいだろう。たとえば「腐女子」「カメラ女子」「森ガール」「大人女子」などが思い付くが、ここで使われている「○○女子（ガール）」という言葉は、グループを括る基本属性となるだけでなく、それぞれの嗜好対象を媒介にして「仲間意識」を涵養し、他者との関係性を構築する鍵概念となっているのである。しかもその括りは内発的な「自称」であるために内側に閉じることはなく、社会的身分や年齢を超えてネットワーク状に結び付いていくのだ。

こうした「女子的」性格と傾向は「ジン（ZINE）」と呼ばれる手作りの冊子本づくりの流行にも当てはまる。アリスン・ピープマイヤーは、少女と女性が「ジン」を作り始めた理由をブログにはないメディアとしての冊子本の「物質性」にみている。「ジン」は視覚的で形状的なメディアであり、それは大抵手作りで制作され、専門に扱う書店もあるが、主に手渡しで配布されるものだ。アリスンは「ジン」が「身体化されたコミュニティ」の形成を促し、生産と流通に関わる「触覚的快感」とともに「彼女たちの居場所、親密なつながりのための安全な空間を作る方法を提供」しているのだと主張する。(4) 最近日本でも「ジンピクニック」と呼ばれる「ジン」を交換する催事が各地で頻繁に開催されているが、「ジン」の物質性は自らの美意識や趣味性を伝達する最良の道具として機能するばかりか、誕生日会の贈り物のように「ジン」を交換する行為自体に喜びが見出されているのだ。これはインターネットなどの非物質的な情報伝達手段と大きく異なる点である。まさしく「身体化されたコミュニティ」が形成される場こそ、つながりを重視した共感を求める主体的「女子」の快楽なのである。

写真家の蜷川実花は、仕事として写真を撮るには「女性的なしなやかさ」が大切だという。「私は、人と意見が合わないときも、一旦、相手のいうことを受け入れるようにしています。それで最終的にお互いにとって一番よいところに持っていけばいいわけだから。だから、私は《曲げない信念》だけでなく、《妥協できる幅》も広いんです」

女性特有の柔軟な思考は問題の解決に影響を与え、創造的な次元へと導いていく。「私たちは女のままで色んなことができる最初の世代だから、女であることをちゃんとやっていきたいんです」(5)。このような、女性であることを自覚した能動的な発言は気持ちよく響き、彼女の作品と同様、女の子たちに圧倒的な共感を呼び起こした。

しかし写真家というクリエーティブな職種でなくとも、一般企業のオフィスにおける女性は連携を重んじた柔軟性を持っているという。人類学者のヘレン・E・フィッシャーは、「女性はより多くのデータを収集し、細部をすばやく関連づける。女性が決断するときには、より多くの不確定要因を考慮し、選択肢とその帰結を考え、さまざま見方に配慮し、より多くの方法を検討する。女性は統合し、一般化し、合成する」という。一方男性は「全体的な文脈で考えるより、目前の事柄の是非に関心を集中する傾向がある。明らかに関係がある事柄以外は目を向けない。それから具体的な目標を目指して、こう行けばこうなるだろうという道を直線的に進んでいく。結果として男性はあいまいさを受け入れにくい」傾向を示すという(6)。

フィッシャーは女性型思考の前者を「ウエブ（網の目）思考」、男性型思考の後者を「ステップ（段階的）思考」と整理した。ようするに、問題解決に際して女性の場合は、関連要因のなかで思考する傾向があり、男性の場合は、集中的・区画的・積み上げ的な思考プロセスを踏む傾向にあるというのだ。紹介された具体的事例に偏りがあるため全面的に肯定するわけではないが、「傾向」という側面に限定すれば、十分に的を射ている。「気遣い」や「連帯感」に女性が長けていることは多くの人が認める利点であるからだ。

バブル経済の崩壊以降、あるいはリーマンショック以降の経済活動の停滞は社会に行き場のない閉塞感をもたらしたことはいまさら言うまでもない。段階的に積み上げてきた上昇志向の価値観がそのたびに無効とされ、円錐形に構築された社会システムの共同幻想が混沌のなかに投げ出されたのである。成長神話と共にあった「大きな物語」は有効期限を失効し、「ナンバーワンよりオンリーワンになればいい」といった独我論的価値観へと一時的に避難せざるをえなかった。だが、そうした閉塞した状況下においてさえ、活力を失わなかったのが「女子」であり、「女子的なるもの」であったのだ。

女子が男子の対概念であるとすれば、両者はコインの表裏のように、意味的には同じバランスで存在しているはずだ。実際の人口統計を見ても、概ね男女は同数であるから数的には同等の関係にある。しかしどうだろう。周辺を見回してみると、男子の存在は希薄に感じられ、女子の姿ばかりが目に付くのだ。とりわけ都市部においては顕著な傾向を示し、フランス料理やカフェなどのいわゆるお洒落な飲食店は言うに及ばず、美術館やコンサートホールなどの文化施設、流行の商品が陳列される百貨店やブランドショップなどには女子の姿しか見当たらない。また、広告代理店の電通が「電通ギャルラボ」として称して、若い女性のマインドと消費志向を研究したり、デルフィスが女性視点のマーケティングプロジェクトを立ち上げたりして、「女子消費」の動向調査をおこなっ

ているのは、最近のヒット商品のほとんどが「女性視点」で開発されているという現状を踏まえてのことである。(7)

本書で取り扱う「女子」は、生物的性別の「女性」に準じながらも、そこから内発的に拡張した「女子的なるもの」を含意する。最近盛んに使われている流行語としての「〇〇女子」、たとえば「大人女子」や「女子力」とはそういうものだからだ。従来の概念では捉えきれない領域にある「女子」、年齢や所属する制度に囚われることなく自発的に主張する「女子」、性差を超えて共有される「女子的趣味」などを私たちは問題視しているのだ。したがって本書の各論考は、「男子」に対する「女子」という対概念に限定するものではなく、さらには社会的・文化的な性のありように基づくジェンダー論的「女子」に言及するものでもない。むしろそうした側面からこぼれ落ちたもの、あるいは女性自らが意識的かつ能動的に逸脱させた「女子的なるもの」の本質に着目した、新たな「女子文化論」＝「女子学」を展開したいのである。

各論文は「女子」というモチーフを共有するものの基本的には自律して書かれたものである。読者には目次を参照しながら、それぞれの関心に合う章から読み進めていただければ幸いである。あえて諸論文の内容を概観しないが、各論考は、「いまなぜ女子の時代なのか？」という問いを共有し自ずとそれに答えることになるだろう。

注

（1）澁澤龍彥『少女コレクション序説』（中公文庫）、中央公論社、一九八五年、一三ページ
（2）ルイス・キャロルは『不思議の国のアリス』の作者としてだけでなく、写真家としても知られる。キャロルの撮った写真は少女に限定され複数の写真帖となって整理されていた。そのなかにはヌード写真も含まれていたという。物語のモデルとなったアリス・リデルもキャロルによって撮影されている。
（3）田山花袋『少女病』（一九〇七年）、同『蒲団』（一九〇七年）に見られるように、文学における少女表象は触られぬ存在として現前する少女に対する性的妄想と無縁ではない。
（4）アリスン・ピープマイヤー『ガール・ジン――「フェミニズムする」少女たちの参加型メディア』野中モモ訳、太田出版、二〇一一年
（5）蜷川実花『蜷川実花の言葉集』イースト・プレス、二〇一一年
（6）ヘレン・E・フィッシャー『女の直感が男の社会を覆す 上――ビジネスはどう変わるか』吉田利子訳、草思社、二〇〇〇年
（7）西井美保子『パギャル消費――女子の7割が隠し持つ「ギャルマインド」研究』日経BP社、二〇一一年、デルフィス買う気研究所『女力消費の時代――女性はこうしてクルマを選ぶ。』日刊自動車新聞社、二〇一一年

第1章

「女子」の意味作用

河原和枝

1　三十代「女子」の登場

「女子力」や「女子会」という言葉は日常にあふれており、それらが近年の造語であることを忘れさせるほど私たちの耳になじんでいる。現代的なニュアンスで、子どもだけでなく大人の女性をもさす言葉としての「女子」は、十年ほど前から使用されるようになった。二〇〇二年の「AERA」（朝日新聞社）の記事はいう。

私（35）はこのごろ「女子」という言葉を多用している。

「ねーねー、きょうは女子だけで飲みにいかない？」というふうに。

きっかけは一年ほど前、スタイリストの友人F子（32）との会話。恋愛ネタで、彼女は言った。

「やっぱり男子ウケする服じゃないと。女子って見られないよね」

ダンシ？　ジョシ？　それって、「男子も掃除してくださーい」と言っていたころの？　そう使うかー、と目から鱗だった。女の子っていうのも図々しい年だし、自分のことを女、女性っていうのもなんだか違和感、と感じていたから、便利だと飛びついた。……気がつくと学校時代の「女子」「男子」が最近、大人界で復権！なのである。

（浜田敬子「三十すぎても『女子』な私たち――学校時代の対等な感じで男社会に自然に立ちたい」「ＡＥＲＡ」二〇〇二年六月三日号）

なぜ大人になって「女子」なのか。「ＡＥＲＡ」は、主に三十代の働く女性たちへのインタビューから、次のような言葉を引き出している。

・男性・女性、男・女、という言葉だと、どこか両者の距離感が不自然……（それはそれらの）言葉自体がステレオタイプな価値観や、意図しないしがらみを背負わされているから。不毛な「男とは」「女とは」論に取り込まれるのを無意識に拒否した結果、男子・女子に行き着いた。
・女子と呼ぶと、少し中性的になって居場所を確保しやすい。
・心の奥のどこかで成熟を拒否している気持ちもあるんです。女の子の部分を持っていいよ、無理しなくていいよと言われたい。日本の社会自体、成熟した女性を認めないでしょ。成熟してもいいことはないと、私も含めて女子たちは無意識に思っている。
・キャリア・ウーマンって言葉は、なにか物欲しげな上昇志向みたいで恥ずかしい。

一方、「ジェンダー的には随分ラクになって」おり「男子も優しいし、上昇志向がない」二十代は、この言葉は「ピンと来ない」ともいう。これらを総合すると、当時、「女子」という呼称は、バブルとその後の失速経済を経験した世代が、男性に対して肩肘張って女性の権利を主張するのでなく、女性として媚びるのでもなく、軽やかに仕事をしようとするスタンスから、戦略的に採用したといえよう。

このように「女子」の語が広まったのは、人気マンガ家の安野モヨコが雑誌「VoCE」（講談社）に連載した「美人画報」に用いてからだといわれる。(1) 単行本化された『美人画報』シリーズの二冊目、『美人画報ハイパー』（二〇〇一年）の「あとがき」で、彼女は、「(漫画家として) 仕事はちゃんとやってたつもりでも、美しくなければまったく価値をもたない世界」である男性誌のパーティに「丸腰で飛び込んでしま」い、「ガク然」とした経験について書いている。「誰も相手にしてくれない」事態に直面したのである。

ここでは、マンガ描けてても何の武器にもなりゃしないんだ……あきらかにキャバ嬢（19）のほうが私よりも上!!　なぜならカワイイから!!

もちろん、日常にもどればそこだけが基準になるわけじゃありません。

でも、その時そういう世界があること、そこでは今までやってた仕事より、女子力のほうが重要であることに気づいたのが、そのあとの美容道へのスタートになったことはまちがいありません。女子は仕事できててもキレイじゃなければ駄目なんです!! (2)

自らにツッコミを入れながら「美容道」に邁進した安野は、みるみるうちに美貌の「女子力」の持ち主に変貌してゆき、『美人画報』シリーズもベストセラーとなった。安野が「女子」を用い始めたのも、「女」や「女性」という言葉が内包する「価値観」や「しがらみ」から離れ、学校で「女子」と「男子」を分けるような軽いノリと、「女子」と括ることによる若い女性読者との連帯感を意識してのことであったろう。そして、さらに安野が「力」をつけ加えて「女子力」とし、女性の美しさや男性を惹きつける力、といった意味を与えたとき、それは一九九八年に流行語となった赤瀬川原平の『老人力』(3)の影響を受けた造語であっただろうが、「老人力」をはるかにしのぐ勢いで社会に広まった。

2 「女子力」の普及

「女子力」が爆発的な影響力をもって普及した背景には、この言葉が消費と直結したという事情があった。

二〇〇二年、雑誌「ｎｏｎ‐ｎｏ」（集英社）は「『女子力』つけて、モテる私 いますぐ実践。今日からモテ娘。このパワーを信じなさい！」（三月二十日号）に始まり、以後、続々と「女子力ＵＰのピンクグロス『モテ顔』も『好印象』も即ＧＥＴ」（五月五日号）、「『下着風水』で夏の恋、完全勝利……女子力№１下着はコレだ！」（六月二十日号）と「女子力アップ」記事を組んだ。この動きは他誌にも、「出会いをサポートしてくれる女子力強化アイテム」（「ａｎ・ａｎ」二〇〇五年二月十六日号、マガジンハウス)、「無敵の女子力養成プログラム」(「MORE」二〇〇七年一月—十二月号、集英社)などと広がってゆく。「女子力」は「つける」もの、「アップ」するもの、「養成」するものとされ、そのための化粧品やグッズやスキルを提供する巨大な女性向け市場と一気に結びついたのである。年齢を問わず、ほとんどの女性は自分の「女子力」が十分だとは考えない。「アップ」できるに越したことはない。「女子力アップ」を謳う商品や情報には、抗いがたい魅力があった。

当初、「女子力」はこれらの記事にも見られるように、男性に向けての「力」の意味で用いられた。しかしそれだけでなく、さらに多義的な内容が付加されてゆく。

例えば、インターネットで「女子力」を検索するとまずヒットする「女子力向上委員会」[4]は女性向けのポータルサイトで、「女子力」を「キレイになりたいと願い、行動する力」と定義する。[5]そして「女子力七ヶ条」として「1『オンナの幸せ』を思い切り楽しむ! 2自分の肌やカラダの変化を知る! 3好きなパーツを増やしていく! 4見えないところにも手をかける! 5『インナー女子力』を高める! 6自分らしい『女子力目標』を持つ! 7『女子力』はエイジレス!」を掲げ、さらに「美容・健康」(「美肌/ヘルスケア」「コスメ/化粧品」「ダイエット」を含む)、「キャリア」(「就職/転職」「資格/スキルアップ」「女性向けセミナー」を含む)、「生活・暮らし」(「恋愛/結婚」「家事/育児」を含む)、「おしゃれ」(「ファッション」「ショッピング」を含む)の四部門のコンテンツを展開している。つまり、女性の消費文化、生活文化のあらゆるジャンルが「女子力アップ」の一言にまとめられたといってもよい。このサイトによれば、「オリコンスタイル」が発表した二〇一〇年、今年「身につけたい〇〇力」トップテンのうち、男性部門の一位が「語学力」であったのに対し、女性部門の一位は「女子力」であったという。「女子力」は、女性の関心事を網羅し、ニュートラルな印象で誰にでも受け入れられやすい、マジックタームだったのである。
「女子」の語が普及し、「女子力」がブレイクするにつれ、女性が職場で能力を発揮する場合にも「女子力」の語が用いられるようになる。例えば、「キリンビールで働く女たち　営業も商品も女子力で突破」（「AERA」二〇〇九年一月十九日号）の記事では「新商品開発では『女子力』は今や欠かせない武器だ」「市場リサーチ室で市場分析をする〇〇さん（39）が生かすのはママ力だ」という具合である。また二〇〇九年、NHKは社会で活躍する女性九人を取材して「The❤女子力」という番組に仕立てた。彼女たちの年齢は三十代から六十代、職業も、書家・照明デザイナー・ギタリスト・芸能プロダクション社長など多様である。翌年、その内容を一書にまとめて出版した『The❤女子力――生きるための処方箋』には、「『今、私たちが参考にしたい、輝く女たちの生きる力』それが『The❤女子力』だ」とあり、[6]こうなると「女子」はたんに「女性」を言い換えているにすぎない。だが、「女子力」という言葉のもつインパクトが、本書をそれなりに説得力のあるものにしているとはいえよう。「女子力」は、対男性だけでなく、広く対社会的な女性の総合能力を表す言葉として用いられるようにもなったのである。[7]
また二〇一〇年十二月には、「ツヤっと輝く四十代女子力」をキャッチフレーズとしたファッション雑誌「GLOW」（宝島社）が創刊された。かつての「三十代女子」たちの十年後であることを考え合わせれば、これもある意味で自然な流れであろう。その創刊の辞にいう。「『女子』と書いて『好き』と読む。ならば、『好きに生きれば、一生女子』。役割もしがらみも、それなりにあって当たり前の四十代ですが、そんな状況でも、いえそんな状況だからこそ、好きに生きられる部分を大切にしていただきたいのです」[8]。「しがらみ」や「役割」にも「それなり」に応じながら「好きに生きられる部分を大切に」するというのは、女性に限らず、現代人の誰もが望むライフスタイルであろう。「女子力」は、閉塞感が漂う社会の現状を打破する一端を担うまでになったともいえよう。

3 「女子」の意味変容——女子・婦人・女性

今日使われる「女子」には、従来の大人の「女性」のイメージやフェミニズム的観点をするりとかわすような軽さがあり、それは文字どおり「女の子」が含意されていることと深く関わる。しかし、「女子」「男子」は元来、子どもを表すだけでなく、たんに性別を示す言葉でもある[9]。たとえば「女子差別撤廃条約[10]」の「女子」は「女の子」を指してはいないし、オリンピック競技の「女子」種目も同様である。「女子」は皇室典範にも「女性」の意味で用いられており、明治以来の日本の国家的・社会的制度に組み込まれた言葉である。とくに教育や学校制度に関わりが深く、「女子教育」関連の語は明治の「女子手芸学校」や「女子師範学校」から今日の「女子大学」にまで及んでいる。太平洋戦争中には「女子挺身隊」というものもあった。

また、性別を表す「女子」が明治以来、ニュートラルな語感をもっていたかというと、そうでもない。かつてレイモンド・ウィリアムズが「歴史的意味論（historical semantics）」として展開して見せたように、[11]言葉は、歴史的・社会的諸条件の下で使用され、意味を変化させていくからである。男女が明白に不平等であった戦前はもとより、「男子厨房に入らず」(『孟子』)や「女子と小人とは養い難し」[12](『論語』)といった語句が広く人口に膾炙していた戦後の高度経済成長期頃まで、「男子」「女子」は、それらの語句が示すような封建的男尊女卑思想を免れえないイメージを含んでもいた。

一方、「女性」は、一八九一年(明治二十四年)の『言海』[13]では「ぢよせい=女ニ生レツキタルコト」「によしやう=生レテ女ナルコト。ヲンナ」、一八九三年(明治二十六年)の『日本大辞書』[14]では「ぢよせい=(一)女タル性質。(二)語学デ(主ニ外国)語ニ定マツテアル牲(ママ)。船、月ナドノ性ヲ欧州デハ女性トスル」「によしやう=女デアルコト。ヲンナ」とあり、この頃はまだ「にょしょう」と読まれ、「じょせい」と読む場合は性質を表し、feminine gender の訳語として使用されていた。一九一二年(明治四十五年)の『大辞典』[15]に至って、「ぢよせい=文法ノ語。男性ノ対。スベテ、女、雌、牝ニ関スル性。転ジテ、女子ノ一称。ニヨシヤウ」となる。「女性《じょせい》」は、「女子」よりずっと新しい言葉なのである。

明治から昭和後半まで、公的な女性の呼称は「女子」と、そして「婦人」であった。「婦人」には成人した女性、既婚女性の意味もあり、「女子」よりも社会的な存在としてのイメージが強い。上流階級の女性たちが傷痍軍人と遺族を救援するために組織した「愛国婦人会」(一九〇一年〔明治三十四年〕)や、最初の社会主義女性新聞の「世界婦人」(一九〇七年〔明治四十年〕)、平塚らいてうや市川房枝らが拠って女性の政治的自由を要求した「新婦人協会」(一九二〇年〔大正九年〕)にも、また「婦人画報」「婦人之友」「婦人公論」など明治以来の女性雑誌名にもそれは見て取れる。戦後も「婦人民主クラブ」（一九四六年創立）から「労働省婦人少年局」（一九四七年設置）まで、戦後民主化政策のなかで広く用いられた。

ただ、長い歴史をもつ「婦人」の呼称には、いささか古いイメージもあり、戦後の啓蒙主義や民主化の流れのなかでは、「婦人」よりもむしろ「女性」が主流になった。かつて平塚らいてうが「青鞜」（一九一一年（明治四十四年））で「原始、女性は実に太陽であった。真正の人であった」と、ストレートな女の性たる「女性」を用いて高らかに謳い、自らを「新しい女」としたのは、メディアに向けての斬新な戦略であった。戦後のフェミニズム運動においても、「女」や「女性」は、運動のそれぞれの立場を示す指標として用いられてきている。そうした流れのなかで「女性」が一般的になり、法律においても男女雇用機会均等法（一九八五年公布）などでは、「男性」「女性」の語が用いられるようになった。前記の「婦人少年局」も、多少の曲折を経て、現在では「女性局女性少年室」となっている。そしてそこに、新たな意味をまとった「女子」が再登場してきたわけである。

筆者が女子学生たちに「女子」という言葉の使用例を尋ねたところ、自分自身のことをいうのではなく、「女の子ならではの話」（＝女子トーク）や「女の子だけの集まり」（＝女子会）のときに使うという答えが多く返ってきた。「女子トーク」、ガールズトークは、アメリカのテレビドラマで日本でも二〇〇〇年末から放映された『Sex and the City』のブームや、二〇〇四年の安室奈美恵のヒット曲『GIRL TALK』によって広まったといわれる。『GIRL TALK』には「誰にも止められない girl talk」「打ち明けるディティル　声を潜めながら　Sex and the City みたいに」といった歌詞が見られる。もちろん、「女」同士の会話では、それまでも恋愛の相談や愚痴、秘密の打ち明け話などが多々なされてきた。だが「女子」という言葉が用いられ、そうした会話が「私たち、女だものね」ではなく、「女子だもんね」と括られ、共感されることによって、恋愛や性に関わる問題もまた、「ステレオタイプな価値観」からいくぶん解放されるように見える。「女子」の今日的用法は、日本社会がこの言葉に長年与えてきた意味を自分なりに読み替え、近年の文化理論の用語を借りるなら、軽やかに「横領（appropriation）」したものといえよう。

4　「女子」の絆

なお、「女子」「女子力」とともに多用される「女子会」の「会」のニュアンスにも注意すべきかもしれない。この語にも商業的利用の文脈を超えた含意があるように思われる。「女子」には、今日の学校文化が前提としている「男子」「女子」の対等な関係のイメージとともに、女性同士の絆を強く意識させる側面があるからである。

「女子会」の語は、「女子」が広く認知された後、二〇〇八年頃から使われ始めた。「東京ウォーカー」（角川クロスメディア）は次のように述べる。

男子禁制！秘密の花園『女子会』がブーム
女性だけで集まる「女子会」がブームだ。「姫飲み」や「乙女会」などと女性によって名づけられた会は、いかにも華やか。「オシャレをして女子だけでゆっくり盛り上がりたい」（23歳女性）と話す女子会とは？
ドレスアップして、シャンパン飲んだりもつ鍋食べに行ったり。誰かの家に行ってDVD見ることもありますよ。……
流行の発端は、関西で人気を博した読者モデルたち。「読モ」と呼ばれる彼女達が女性だけの会を開いた事からじわじわと浸透、ブームになった。またアメリカのテレビドラマ「Sex and the City」の影響も大きい……「三十代になっても仕事や恋の話ができる友達がいたらいいと思う」（25歳女性）と、（「Sex and the City」の）ファッションだけでなく彼女達の友情に憧れを持つ女性も多い。
「女の子と男の子のツボって微妙に違うんです。洋服も本当におしゃれしたい時は、女の子の方がかわいさを分かってくれるし。はしゃぎたい時は女の子だけが楽しい！」（24歳女性）と、「女子会」とは異性の目を気にせず友情を深める会のようだ。……不景気に揺れる世の中を「女子会」で友情を深めた女性達が元気にひっぱっていくかもしれない。（「東京ウォーカー」二〇〇八年十二月二十四日号）
そして実際、二〇〇九年に大手居酒屋チェーンが女性グループ限定の食べ放題飲み放題プランにその名をつけると、「女子会」は全国的に大流行し、不況の飲食業界の最大の牽引力となった。[16] 同年の「全国消費実態調査」によれば、三十歳未満の単身世帯（勤労者世帯）の可処分所得が男女で逆転し、女性のほうが男性を上回った、という背景もある。[17] 翌一〇年、「読売新聞」は、話題の言葉である「女子会」を「女性だけで集まる食事会や飲み会」として、首都圏の働く女性四百人へのアンケート調査の結果、「約七割が月に一回以上女子会に参加し、約八割が利点を『本音で話ができる』と回答した」と解説している。[18] 「女子会」は、居酒屋のみならず、レストランやホテルの宿泊プランにまで、またたく間に広がっていった。

このように働く女性たちに浸透した「女子会」での話題は、もちろんファッションや恋愛に限らない。「日経WOMAN」（二〇一〇年十月号、日経BP社）では「平日夜は『女子会』が楽しい！ 会社帰り、女性同士で集まって情報交換したり学びあったりする働き女子が急増中！」として「異業種の広報担当女性たちが仕事の情報やノウハウを共有」する「広報女子の会」や「OLから企業家まで幅広い層が集い関心あるテーマを体験&学びあう」「好奇心を満たす女子会」を紹介している。そこには、以下のような記事が見られる。

一年前、様々な業界の広報の男女が参加する勉強会で知り合い、男性抜きで気兼ねなく話をしようと始まったのが、広報女子の会。平日夜に月一回程度、レストランなどに集まって情報交換をしている。

「メーカー、ホテル、ITなど、同じ広報でも業種も会社もキャリアも違う女性たちが集まっているので、仕事のヒントをもらえたり、取引先を紹介しあったりなど、ここで得られる情報がとても役立っています」（リーブ21、28歳）、「会社の部署には同世代の女性がいないのですが、この会は同じアラサー世代が多く、仕事だけでなくプライベートの悩みも共有できるのがうれしい」（パナソニック・モバイル、30歳）……仕事柄、忙しい人が多いが、「女子会の日は頑張って仕事を早く終わらせたり、おしゃれな服で出勤して『今日何かあるの？』と聞かれたりして、気持ちにメリハリがつくのもいいですね」（TOTO、28歳）。（「自分を磨く！『夜時間』」「日経WOMAN」二〇一〇年十月号）

一般的な勉強会から「男性抜き」の「女子会」へと発展した、という点が興味深い。社会的にそうした会を作りうるほど女性の活躍の場が増えているとも、いまだ男性社会のなかで女性が対抗するための手段とも見ることができようが、何より「仕事だけでなくプライベートの悩みも共有できる」「女子会」の魅力には、特別のものがある。それは、一つには、女性たちに「世話《ケア》（配慮）の倫理」（キャロル・ギリガン）が共有されているからだと思われる。

「世話《ケア》（配慮）の倫理」とは、一九八二年にギリガンが『もうひとつの声』において示した観点で、「正義の倫理」と対比させて論じられた。たとえば、子どもたちのゲームでもめごとが生じたとき、男児は、たとえ友情を犠牲にしてもルールに従ってゲームを終えようとすることが多く、一方、それとは対照的に、女児は友情を守るためにルールを変更したり、ときにはゲームそのものをやめてしまったりするという。両者の違いを、かつて心理学者のジャン・ピアジェやローレンス・コールバーグは、正義感をもってルールを順守することが道徳性の発達に不可欠と考え、子どもの遊びに見られる男女差を、発達レベルの差と見なした。これに対し、ギリガンは、もし女児がルールを重視しないとすれば、それは女児が「正義の倫理」ではなく「世話《ケア》（配慮）の倫理」に準拠して行動したからであるとし、女性に強く見られる他者との関係性を重視する倫理観について論じたのである。[19]この本は出版当時たいへん話題になり、これら二つの倫理がジェンダーの差に還元されるように受け取られたこともあって、さまざまな議論を引き起こした。しかし、いまなお、個別的な状況を超える「正義の倫理」に並ぶものとして、状況に応じて他者を思いやる「世話《ケア》（配慮）の倫理」の重要性を指摘したギリガンの功績は、高く評価しうる。女性は概して社会化のプロセスにおいて男性よりも「世話《ケア》（配慮）の倫理」を強く内面化している。「本当におしゃれしたい時は、女の子の方がかわいさを分かってくれるし、はしゃぎたい時は女の子だけが楽しい」理由もそこにある。そしてまた「女子会」が、たんなる仕事上のつきあいを超えて互いに「プライベートな悩み」まで相談できる関係を容易に作り出していくことができるゆえんであり、職業や年齢の垣根を超えて容易に広がっていくことができるゆえんでもあろう。

いまでは、「女子会と七十代もいいだした」（高槻・北遙峰）そうである。[20]これは、「毎日新聞」の川柳コーナーに掲載された句で、若い女性から始まった「女子会」がいまや七十代まで、というわけだが、女性同士の集まりを控えてその心地よさ、楽しさを思いウキウキする老妻を眺める夫の句であろうかと想像される。

なお、二〇一〇年に実施された「第十四回出生動向基本調査」（国立社会保障・人口問題研究所）

によると、十八歳から三十五歳の未婚男女のうち、男性の六一・四パーセント、女性の四九・五パーセントが「交際している異性はいない」と答えている。いずれは結婚しようと考えながら（男性八六・三パーセント、女性八九・四パーセント）、結婚したいと思う交際相手をもつ男性は一八・四パーセント、女性は二七・〇パーセントにすぎず、交際相手をもたず、かつ交際を望んでもいない男性が、全体の二七・六パーセント、女性では二二・六パーセントを占めている。[21]同年の電通総研の二十三歳から四十九歳の未婚男女を対象とした調査でも、独身女性のうち「つきあっている彼氏がいる」と答えたのは全体の三〇・七パーセントで、ほぼ七割が恋人不在、独身女性の半数以上が三年以上、異性とつきあっていないという。[22]

晩婚化が進み、「婚活」の必要性が説かれるのもうなずける。しかし、これらのデータからうかがわれる「対幻想」の弱まりは、必ずしも悪いことではないように思われる。女性たちを取材し、その友情を描いてアメリカでベストセラーになった『女百六十人、女友達を語る』の著者C・R・ベリーとT・トレイダーによれば、女性は長年、法的、道徳的、社会的なさまざまな意味において男性との関係によって定義されてきたが、それに加え、近年、男性のようになることで自分自身を定義するという選択肢を手に入れた。しかし、両者とも男性を基準とすることに変わりはない。その袋小路を避けて女性が自らを定義するために、その手がかりとして、女性同士の関係、女友達が重要だとベリー＝トレーダーは説く。「経験を分かち合い、理解を勝ちとり、新たな意味を作り出し、互いに楽しみ、世界の中で自分たちがどういう役割を果たしているのかを理解するためには、かつてなかったほどお互いが必要となるはずである[23]」と。

かつて、明治末期から昭和初期にかけ、若い女性たちを指す言葉として「乙女」が多用されたことがあった。「乙女」には甘くも哀愁を伴う、独特のイメージがあるが、川村邦光は、こうした「オトメ」の感性は「女学世界」などの女性雑誌の購読を通して培われたという。そして、たんに女学生や若い女性だけでなく、年齢や既婚・未婚の別もなく保持された「オトメ」の感性による女性たちの絆を、「オトメ共同体」と呼んだ。ただし、それは「想像の共同体」であり、近代ブルジョア家庭にある彼女たちは、現実には家庭でも社会でも孤立しがちで、連帯は困難であった。[24]しかし、これまで見てきたように、今日の「女子会」には「オトメ共同体」を超えた要素がある。「女子」とその現代的用法の広がりは、従来、男性中心社会のなかで分断され切断されてきた女性たち[25]が、ようやく地歩を固め、自らの再定義と新たなホモソーシャル・ネットワークの構成に向けて、歩を踏み出す兆しなのかもしれない。

注

（1）「美人画報」は「VoCE」一九九八年五月号から連載が始まった。が、二〇〇〇年二月号までを加筆訂正してまとめた『美人画報』（講談社、一九九九年十二月）には「女子」はまだほとんど用いられていない。多用されるようになるのは、続いて収録された『美人画報ハイパー』（講談社、二〇〇一年）においてである。

（2）安野モヨコ『美人画報ハイパー』講談社、二〇〇一年、一七五ページ

（3）赤瀬川原平『老人力』筑摩書房、一九九八年

（4）http://www.josiryoku.com/
（5）『現代用語の基礎知識二〇〇七』（自由国民社、二〇〇六年）の定義も同様。『現代用語』では、これに「ダイエットや美容、ファッションから恋愛まで幅広い」とある。
（6）NHK「The❤女子力」取材班監修『The❤女子力――生きるための処方箋』角川マーケティング、二〇一〇年
（7）甲南女子大学は、二〇〇七年からブランド戦略として「女子力」を掲げ、シャネルの日本法人社長らを招いて「女子力」をテーマにフォーラムを開催などしている。女子大学ならではの先見的、先駆的な例といえるだろう。
（8）http://tkj.jp/glow/2010Dec/
（9）「子」には子どものほかに「人」の意味もある。
（10）一九七九年に国連総会で採択され一九八一年に発効、日本は一九八五年に批准。
（11）レイモンド・ウィリアムズ『完訳キーワード辞典』椎名美智／武田ちあき／越智博美／松井優子訳（平凡社ライブラリー）、平凡社、二〇〇二年
（12）「女性と小人物は、近づければ無遠慮になり、遠ざければうらみを抱くので、扱いにくい」（新村出編『広辞苑』第六版、岩波書店、二〇〇八年）。
（13）『言海』著作兼発行者 大槻文彦、一八九一年
（14）山田美妙編『日本大辞書』日本大辞書発行所、一八九三年
（15）山田美妙編『大辞典』嵩山堂、一九一二年
（16）「女子会」の語は居酒屋チェーン笑笑の「わらわら女子会」から全国的に広がったとされ、『現代用語の基礎知識』選 二〇一〇年「ユーキャン新語・流行語大賞」トップテンに選ばれた。

(17)「日経レストラン」二〇一〇年十二月号、日経ＢＰ社、三一ページ
(18)「読売新聞」二〇一〇年八月十六日付
(19)キャロル・ギリガン『もうひとつの声――男女の道徳観のちがいと女性のアイデンティティ』生田久美子／並木美智子共訳、川島書店、一九八六年
(20)「毎日新聞」二〇一一年三月十七日付
(21)国立社会保障／人口問題研究所「第14回出生動向基本調査――結婚と出産に関する全国調査 独身者調査の結果概要」(http://www.ipss.go.jp/ps-doukou/j/doukou14_s/doukou14_s.asp)
(22)「電通総研が独身者の意識・実態調査を実施――第一弾、『イマドキ独身女子の結婚観と恋愛の実態』とは?-」『電通ニュースリリース』二〇一〇年十一月二日付(http://www.dentsu.co.jp/news/release/2010/pdf/2010103-1102.pdf)
(23)カーメン・レネイ・ベリー／タマラ・トレイダー『女百六十人、女友達を語る』高田恵子訳、飛鳥新社、一九九七年、一二ページ。本書で描かれる女同士の友情は、もちろん「世話《ケア》(配慮)の倫理」にあふれている。
(24)川村邦光『オトメの祈り――近代女性イメージの誕生』紀伊國屋書店、一九九三年、川村邦光『オトメの身体――女の近代とセクシュアリティ』紀伊國屋書店、一九九四年
(25)イヴ・Ｋ・セジウィック『男同士の絆――イギリス文学とホモソーシャルな欲望』上原早苗／亀澤美由紀訳、名古屋大学出版会、二〇〇一年

第2章

卒業のない女子校

——ファッション誌における「女子」

米澤 泉

1 不惑を迎えたファッション誌

日本初のグラビア・ファッション誌「an・an」が誕生してから、四十年以上の歳月が過ぎた。その間、ファッション誌は破竹の勢いで成長し、欧米発のモード誌とは異なる日本独自のさまざなファッション誌を生み出し、一時代を築くに至った。(1) しかし、インターネットやケータイなどのメディアが登場し、雑誌不況となったいまでは、ファッション誌もまた軒並み低迷する傾向にある。(2)

一九七〇年代に現在のファッション誌の原型となる「an・an」(平凡出版〔現マガジンハウス〕、一九七〇年創刊)と「JJ」(光文社、一九七五年創刊)が創刊され、八〇年代にはそこから派生した多種多様なファッション誌が市場を賑わすこととなった。そのなかでも、この二誌は常に時代を牽引し、女性たちを導いてきた。アヴァンギャルドなファッションで個性を競う「an・an」読者とコンサバティブなお嬢様ファッションの女子大生「JJ」ガール。それは単にファッションの違いにとどまらず、彼女たちの目指す人生と深く関わっていくようになる。「an・an」派と「JJ」派といった派閥が形成され、ここで着ることと生きることは強固に結び付いたのである。

自立したキャリアか裕福なマダム(専業主婦)か。文芸評論家・斎藤美奈子の言葉でいえば「社長になるか、社長夫人になるか」(3) である。「女の幸せとは何か?」という明治以来のモダンガールの命題が、一九八〇年代のファッション誌を通して、再び突き付けられることになったのだ。

心理学者の小倉千加子が「大学生の時になんの雑誌を読んでいるかで、その人の十年後の生き方はある程度想像がつく(4)」と看破したように、一九八〇年代には着ることと生きることが結び付き、ファッション誌を選択することは生き方の選択を暗に意味したのである。

しかし、そのような時代は完全に過去のものになりつつある。男女雇用機会均等法が施行され、働く女性を受け入れる環境が整い始めた一九九〇年代。「社長か社長夫人か」という選択をせずに生きることも可能になった女性たちは、派閥を超えてキレイとカワイイを追い求めるようになったのだ。それから約二十年。バービー人形のようにキレイな身体、少女マンガのヒロインのようにカワイイ顔。年齢も立場も関係なく女性たちの目指すゴールは同じとなった。

女性たちにとって、もはやキャリアか専業主婦かという選択は意味をなさない。「an・an」派、「JJ」派などといった派閥は完全に崩壊し、書店にはともに精彩を欠いた均質な内容の二誌が並んでいる。もう生き方とファッションの蜜月は終わりを告げた。女子大生、専業主婦、キャリア女性、キャバクラ嬢。ファッションだけで彼女が何者かを当てることは不可能だ。誰もが同じものを欲しがり、「大人カワイイ」を目指す。キラキラ輝くデコレーション。大きなフリルやリボン。付けまつげに縁取られた人形のような目。それが「女子」的ファッション、すなわち「大人カワイイ」であり、ガーリー（少女風）である。

現在、女性たちは年齢・職業・立場を問わず、「大人カワイイ」に夢中である。二十代はもちろん、三十代、四十代向けのファッション誌にも「一生、女のコ宣言！」「好きに生きてこそ、一生女子」というキャッチコピーが躍る。なぜ、女性たちは「女子」でいることに、「一生、女子として生きていく」ことに価値を見出すようになったのか。

本章では、近年のファッション誌をにぎわす「女子」(5)に焦点を当て、「女子」が意味するもの、すなわち「女子」に表象される現代女性の欲望を読み解いていきたい。

2 「大人カワイイ」ファッションの台頭

ファッション誌ではいつ頃から「女のコ」や「女子」という言葉が確信犯的に使われだしたのだろうか。一九九九年に宝島社からファッション誌「sweet」が、「二十八歳、一生女のコ宣言!」を掲げて創刊された。このあたりが、本来女の子や女子と呼ばれる年齢を過ぎている女性に向けて「女のコ」「女子」と呼びかけた端緒だと考えられる。現在も「sweet」はガーリーな「女子」的ファッションを牽引し、いわゆる「大人カワイイ」トレンドの発信源となっている。ファッション誌における「女子」の台頭はこの雑誌とともにあったと言っても過言ではない。雑誌の付録に対する規制緩和(6)により、毎号、人気ブランドとコラボレーションした豪華な付録(エコバッグ、ポーチなど)を付けることが可能になったこととも相まって、二〇〇〇年代後半、「sweet」の人気は不動のものになった。

同誌は本来、二十代後半から三十代前半のアラサー(アラウンド三十歳)をターゲットとしていたはずだが、現在では二十歳そこそこの女子大生から不惑に近い女性にまで愛読され、二〇一一年現在、日本でいちばん売れているファッション誌に成長した。

このように幅広い世代の女性たちに「sweet」が支持されるのはなぜだろうか。それは、雑誌の表紙や特集に登場するモデルたちに一因がある。一般的に、ファッション誌では、読者と同世代もしくは若干下の世代のモデルが表紙を飾るのが常だった。十代、二十代向けの雑誌ならば同世代のモデルが、三十代、四十代向けの雑誌の場合は、同世代だと加齢によりビジュアル的に厳しくなるため、少し若い世代のモデルが選ばれたのである。現在でも、例えば「Precious」（小学館、二〇〇四年創刊）という四十代キャリア向けの雑誌の表紙モデルは女優の小雪（一九七六年生まれ、二〇一二年一月現在三十五歳）が担当している。「Precious」が創刊されたのは二〇〇四年だから、小雪は二十代後半からアラフォー世代向け雑誌のイメージキャラクターを務めていることになる。

しかし、「sweet」は違うのだ。毎号、雑誌のイメージにふさわしいさまざまな「セレブ」が登場するが、登場回数の多い平子理沙は御歳四十歳、梨花は三十八歳である。若くてもせいぜい安室奈美恵（三十四歳）や浜崎あゆみ（三十三歳）あるいは吉川ひなの（三十二歳）である（いずれも二〇一二年一月現在）。三十代以上でなければ「sweet」の表紙を飾れないかのようだ。しかも、ターゲットの世代よりもかなり年上のモデルが平然と表紙を飾る。こんなことは、いままでありえなかったのである。

しかし、このような「異常事態」が現在、ファッション誌界のいたるところで起きている。「JJ」といえば、女子大生雑誌の代名詞的な存在だが、その「JJ」でも近年、二十代のモデルに代わって四十路間近だった平子理沙がカバーを飾るようになった。しかもその号は平子理沙の特集記事だらけである。梨花や吉川ひなのも同様だ。二〇〇九年から一〇年にかけての「JJ」は、ほぼこの三人の「三十路トリオ」が表紙に登場していたのである。

とりわけ、二〇〇九年頃からの平子理沙の人気ぶりは特筆すべきものがある。前述の「sweet」「JJ」はもちろん、「美人百花」（角川春樹事務所、二〇〇五年創刊、二〇一一年四月号から月刊）、「GLAMOROUS」（講談社、二〇〇五年創刊）などの二十代後半をターゲットにしたファッション誌から「VoCE」（講談社、一九九八年創刊）、「MAQUIA」（集英社、二〇〇四年創刊）といった化粧情報誌まで。毎月書店にいくつも平子理沙の雑誌が並ぶという状況になったのである。いま最も旬のモデルが四十歳。そんなことがかつてあっただろうか。そのことを如実に示すのが、一一年春のカネボウのキャンペーンガールに彼女が選ばれたという事実である。「コフレドール」という主力ブランドのメインモデルとして、「女子力」をアピールしているのだ。[7]

化粧品のキャンペーンガールといえば、二十代、せいぜいアラサー世代という常識を打ち破ったのである。何しろ、従来は四十歳近くになれば、アンチエイジング化粧品か、その年代に見合った化粧品のイメージモデルとして登場し、「くすんでなんかいられない！」「後半戦を美しく」と人生まだまだこれからをアピールするのが関の山だったのだ。

しかし二〇一一年春、平子理沙は、二十代のモデルたちを従えて、「かわいくなるための女子会へようこそ！」と呼びかける。

この惹句に釣られて、見事二十代の現役女子たちが新色の口紅を買いに走ったという。[8] 当然、平子と同世代のアラフォー女性たちも、往年の人気モデルがいまも脚光を浴びていることに注目するだろう。このように、平子理沙は、同世代だけではなく、親子ほども年が違う二十歳前後の女性たちを同じように惹き付けることができる稀有なキャンペーンガールなのである。

もちろん、女子大生もアラフォー世代の女性も憧れるファッション・アイコンの登場は、「大人カワイイ」ファッションの台頭と轍を一つにしている。近年、女性たちの目指す美しさが一様に、少女風かつ人形風（ガーリー＆ドーリー）になってきたことを改めて思い起こそう。「sweet」でもよく表紙を飾る浜崎あゆみが登場し、目力ブームが起きた一九九〇年代後半以降が現在のガーリー＆ドーリー志向の始まりといえるだろう。人形のように大きな目、陶器のように美しい肌。まさに少女マンガのヒロインのような浜崎あゆみが女性たちの、とりわけメイクに与えた影響力は計り知れないものがあると思われる。目は大きければ大きいほどよい、という美意識はその後、十年以上の歳月を経ても健在である。しかも、その傾向は、付けまつげの復活などによってさらに強まっている。人形のようなルックス。リアルなバービー人形。女性たちの目指すところはますますサイボーグ化した身体となっている。

そのためにはもちろん、年齢は超越しなければならない。アンチエイジングは必須課題となった。成熟は忌むべき老いへの第一歩である。平子理沙のように少女のまま時が止まっているかのような女性が最も憧憬の眼差しを向けられるようになった。時を止める少女。それが「大人女子」なのである。

3 増殖する「大人女子」

このように「大人カワイイ」ファッションの台頭とともに、それをいくつになっても着こなす「大人女子」がファッション誌の世界を席巻し始めたのである。三十代になろうが四十代になろうが、自分の好きな格好をしたい。年齢はもちろん、既婚か未婚か、キャリアか専業主婦か、子どもがいるかいないか、もはやそんなことはファッションには関係ないのだ。妻だろうがママだろうが、社長だろうが、お気に入りのワンピースを着て、ネイルアートを施したい。

そんな「大人女子」の願望に目をつけたのが、宝島社の雑誌である。前述の「sweet」に加えて、「SPRiNG」(一九九六年創刊)、「InRed」(二〇〇三年創刊)、「GLOW」(二〇一〇年創刊)と二十代から四十代向けまで、いま、宝島社の雑誌は高い人気を誇っている。業界では「JJ」、「ViVi」(講談社、一九八三年創刊)などタイトルロゴが赤いことに由来する赤文字雑誌に対抗して、青文字雑誌と呼ばれるほどである。むしろ、本来の赤文字雑誌の読者層である女子大生までもが青文字雑誌を好むようになり、赤文字雑誌離れが起きているという有様だ。

以前は、「JJ」の読者モデルとして欠かせない存在であり、長年にわたって「JJ」との蜜月を築いてきた甲南女子大学[9]でも、現在は青文字雑誌「sweet」旋風が吹き荒れている。それは、なぜなのか。宝島社の雑誌は他社の雑誌とどこが違うのだろうか。

では、ここで宝島社発行の代表的な雑誌を詳細に見ていこう。まずは、すでに何度も登場している、本来は二十代後半から三十代前半のアラサー世代向けの「sweet」である。そろそろカワイイファッションを卒業し、大人の女性として生きていくはずの年代の女性たちに向けて、「sweet」は「一生、女のコ宣言！」をしたのである。予想以上に女性たちは、その「宣言」に勇気づけられた。いまや宝島社を支えるガーリー・ファッションのバイブルとして、「sweet」は女子大生から平子理沙と同世代の四十路近い女性たちをも虜にしている。

「sweet」の甘さを若干抑え、大人仕様にバージョンアップさせたのが、「三十代女子」という言葉を世に浸透させた「InRed」である。従来の三十代といえば、ライフスタイルによって、ファッションも規定されていた年代である。キャリアなのか、主婦なのか、ママなのか。そのファッションは立場とともに明確に線引きされていたのである。しかし、「InRed」は違った。パンツスーツを着こなすいい女風キャリアでもなく、高級ブランド尽くしのコンサバティブなマダムでもない。もちろん節約にいそしむ主婦でもない。三十代でも二十代のときと変わらず「大人カワイイ三〇代女子」でいたい！　毎号ＹＯＵや小泉今日子といった「女子」が表紙を飾った「InRed」は、二〇〇三年の創刊以来、そんな「三十代女子」たちから絶大な支持を受けてきた。

しかし創刊から七年の時がたち、「InRed」な「三十代女子」たちも、そろそろ不惑になろうとしていた。はたして「不惑でも女子」は可能なのか?。この大問題に正面切って「イエス」と答えたのが二〇一〇年秋に創刊された「GLOW」である。本邦初「四十代女子」のための雑誌として登場した「GLOW」の表紙はもちろん、「最強の四十代女子」となったＹＯＵと小泉今日子が務めている。「なんてったって、四十代女子！　女子はやめられない」という声が聞こえてきそうな迫力のある表紙ではないか。

このように、現在の日本では十代も女子なら四十代も「女子」である。他社に先駆けて、各年代の「女子」を応援する雑誌を創刊した宝島社は、この流れをいち早く、感覚的に理解していたのだ。だから、二〇〇九年秋には、自社の雑誌が女性誌売り上げナンバーワンになったことを記念して、宝島社は全国紙に次のような広告を掲載した。


この国の新しい女性たちは、可憐に、屈強に、理屈抜きに前へ歩く。

この国の新しい女性たち。別の言い方で、「女の子」あるいは、「女子」、あるいは「ガールズ」。

彼女たちのファッションは、もう男性を意識しない。

彼女たちは、もう男性を見ない。もう、自分を含めた女性しか見ない。

彼女たちのファッションは、もう欧米などに憧れない。

それどころか海外が、自分たちに驚きはじめている、でもそのことすら気にもかけない。

彼女たちはもう、「年齢を捨てなさい」などという言葉など持っていない。

そんなこととっくに思っている。いや、もうとっくに実現している。

このままいくと、男性と女性はどんどん別の「種」に分かれていくのではないか。

いつか、女性は男性など必要とせずに、自分たちの子孫を増やしはじめるのではないか。

彼女たちは新しい種として、これからますます闊歩し、飛躍し、謳歌していく。

さてもう片方の種は、果たしてどこへ行くのだろうか。
それとも、指をくわえたまま、どこへも行かないのだろうか。
世界で、ある意味、もっとも平和で、もっとも進化した、この不思議な国で。
（「日本経済新聞」「朝日新聞」二〇〇九年九月二十四日付全面広告）

人気漫画家・安野モヨコの手によるイラスト――四本の手を駆使し、ケータイをかけながら、マスカラを塗る年齢不詳の「大人カワイイ」女性。背景には彼女の愛するブランドバッグや化粧品《コスメ》、スイーツが散乱している――とともに表されているのは、宝島社が想定する読者層、すなわち女性でも女でもない「女子」という新しい「種」である。

三十代になっても、四十代になっても、一生「女子」として生きていくこの国の新しい女性たち。「大人女子」が増殖していることをはっきりと自覚し、そこをターゲットとしたからこそ、宝島社の雑誌はこの雑誌不況のなかでも支持されているのである。

４　ファッション誌の政権交代

女子大生雑誌の代名詞だった「ＪＪ」の人気が低迷している。一九七五年の創刊以来、ニュートラ、ハマトラ、サーファー、ボディコン、可愛ゴー（可愛いゴージャス）など、長年にわたって女子大生のファッションを牽引し、流行を作り上げてきた「ＪＪ」であるのに、今後の行くべき道が定まらないのである。原点回帰したかのようなお嬢様ファッションで婚活路線を宣言したと思えば、平子理沙や梨花を起用し「sweet」と見まがうような誌面を作り上げる。果ては、読者モデルに代わる「おしゃＰ」（おしゃれプロデューサー）作戦である。

この焦りにも理由はある。二〇〇〇年代中頃からは、ライバル誌「CanCam」（小学館、一九八〇年創刊）に追い抜かされ、近年に至ってはすっかり「ViVi」や「CanCam」の後塵を拝しているのだ。さらには、いまや女子大生雑誌だけがライバルではなくなった。前述のように、「sweet」や「GLAMOROUS」といったアラサー雑誌から「小悪魔 ageha」[10]（インフォレストパブリッシング）までもが、女子大生雑誌のライバルとして浮上している。

一言でいえば、女子大生だから女子大生雑誌を読んでくれるという時代は終わったのだ。だから、「CanCam」はいち早くエビちゃんＯＬを掲げてＯＬ雑誌へ宗旨替えしたし、「ViVi」はいっそうギャル＆セレブ路線を強化した。いつまでも女子大生のお嬢さんにこだわっていた「ＪＪ」が結局遅れをとったのだ。しかし、それも仕方があるまい。「ＪＪ」を発行する光文社は、長年にわたり、女子大生から腰掛ＯＬを経て裕福な専業主婦を目指すお嬢さんをターゲットにしてきた。「ＪＪ」卒業生の二十代ＯＬには「CLASSY.」（一九八四年創刊）、結婚したらコマダム（小マダム。マダムと呼ぶには若い裕福な専業主婦）の代名詞「VERY」（一九九五年創刊）、四十代になったら「STORY」（二〇〇二年創刊）。「目指せ！　クラッシィでヴェリイな人生！」――赤文字雑誌の代表格として、結婚による階級上昇を目指す女性たちのバイブルの地位を確立してきたのである。

二十世紀まではそれでもよかった。男女雇用機会均等法の施行後も、あえて一般職を希望するようなお嬢さんたちが、「JJ」の顧客となってくれた。しかし、時は二十一世紀。未曾有の不況、先行きの見えない時代においては、裕福な専業主婦を目指したところで、叶えられる確率はきわめて低い。それに、彼女たちの伴侶となる草食男子たちは、女性にも「稼ぎ」を求めている。

こうして、コマダムのバイブルであった「VERY」や「STORY」にもちょこキャリ（ちょこっとキャリア）だけではなく、バリキャリ（バリバリ働く）マダムまでもが登場するようになった。自分で稼ぐのはもちろん、もはや〝私〟がいっそう輝くためにも、仕事をするのは当たり前なのである。公園デビューやママ友ランチの服だけでなく、「ミセスCEO」の〝私〟にふさわしい服とは？従来のように専業主婦雑誌、キャリア雑誌と女性の立場別にファッション誌を分類していては、このような要求に応えることはできない。現代の女性は、いくつもの顔をもつのである。ママで、妻で、キャリアな〝私〟に対応するにはどうすればいいのか。

思えば、二十世紀のファッション誌は女性を分類しすぎていたのではないか。いい女風キャリアか、コンサバマダムか、あるいは生活感あふれるすてきな奥さんか。年齢はもちろん、未婚か既婚か、主婦かキャリアか。女性の人生をはっきりと分類することで、それぞれの読者を獲得していたのである。

しかし、結婚しても出産しても仕事を続ける女性が増え、バツイチやシングルマザーも当たり前の現在においては、従来の分類系の赤文字雑誌では女性を惹き付けられないのではないだろうか。キャリアにはビジネス仕様のファッション、マダムにはランチ仕様のファッションという枠組みで片づけられる時代は、もう過去のものだ。キャリア女性は「大人カワイイ」ワンピースで出勤し、マダムも同じ服を着て子どもの送り迎えをする。いや、「大人カワイイ」ワンピースを着ているのは同一人物かもしれない、のだ。

特に専業主婦をターゲットとする雑誌への風当たりは厳しい。「ＪＪ」の卒業生である三十代の専業主婦に向けて一九九五年に創刊された雑誌「VERY」でさえ、近年はコマダムという言葉を生み、公園デビューをはやらせた往年のような影響力はない。せいぜい、仕事を再開した「VERY」読者の夫を「イケダン」（イケてるダンナ）と持ち上げて家事を手伝わせるぐらいである。もはや「VERY」読者も専業主婦ではいられないご時世なのだ。

そこで、集英社は、二〇〇六年に三十代後半から四十代の主婦向け雑誌「メイプル」を休刊させ、翌年には、アラフォーキャリアに向けた「marisol」を創刊した。同じ日には、あの「家庭画報」[11]の世界文化社も満を持して同じ世代のマダムを想定した「GRACE」を創刊したが、残念ながら「GRACE」は二年後にあっけなく敗退した。「marisol」と「Precious」が描くアラフォーキャリア女性には、上品な若奥様も太刀打ちできなかったのである。

しかし、これらアラフォーキャリア雑誌にも描ききれなかった女性像がある。それが、宝島社の「GLOW」が提案する「四十代女子」である。ＹＯＵや小泉今日子をイメージガールに起用し、従来の常識にとらわれない「女子」像を目指す「GLOW」は、「アラフォーって呼ばないで。私たちは四十代女子です。」（「GLOW」二〇一〇年十二月号）というセンセーショナルな見出しが躍る創刊号以来、毎号たたみかけるように「四十代女子」宣言をしているのだ。

表紙を飾る「四十代女子」たちは、みな思い思いの格好をしている。もちろん、中身に登場する読者モデルの「四十代女子」たちも同じである。ミニスカート、ノースリーブ、ショートパンツにハイヒール。そのファッションは二十代のそれと変わらない。年齢不詳であること。そして、あの人は何者？と思わせること。「GLOW」が目指しているのはこの二つである。それは、宝島社の雑誌すべてに共通するコンセプトでもある。赤文字雑誌が提案してきた年齢や立場にふさわしいファッション（女子大生にはキャンパス・ファッション、OLにはオフィス・ファッション、ママにはランチ・ファッション）に青文字雑誌は「否」を突き付ける。四十代であっても、母であっても、シングルであっても、私たちは「四十代女子」。好きな服を着たい、立場にとらわれずに好きなように生きたい。ファッションも生き方ももっと自由になりたい。決して揺らぐことがないと思われていた赤文字雑誌の牙城に切り込み、独自の路線で「女子」たちの支持を集める青文字雑誌。女性を年齢や立場で分類しない青文字雑誌の興隆は、ファッションも生き方も自由を求める女性たちの思いを表しているのではないだろうか。

5　私に萌える女たち

このように「四十代女子」を掲げて創刊した「GLOW」は、二十一世紀的「女子」の生き方を最も明確に示していると思われる。「GLOW」という誌名にも現れているように、いくつになっても「私自身が輝きたい」という女性たち。四十代に向けてその願望を包み隠さず、ストレートに表現したのは、「GLOW」が初めてなのではないだろうか。雑誌に付けられた「母です。妻です。シングルです。私たちみんな『四十代女子』です。」というキャッチコピーからは、母であろうが、妻であろうが、シングルであろうが、〝私の人生私が主役！〟という気概が感じられる。

二十世紀のこの年代の女性たち、すなわち三十代、四十代といった世代は、まだまだ夫や子どものために生きることを要請されていた。結婚や出産を経て、誰々さんの妻、誰々ちゃんのお母さんと呼ばれることを余儀なくされていたのである。それは、否応なく演じることを要求される良妻賢母という名の脇役であった。

しかし、二十一世紀を生きる「四十代女子」たちは、「良妻賢母という呪縛[12]」から自由になろうとする。

夫や子どもを輝かせるよりも私自身が輝きたい。たとえ、四十代になろうとも。だから「GLOW」は「好きに生きてこそ、一生女子！ 私たち四十代、輝きます宣言！」（「GLOW」十二月号）をするのだ。この宣言が意味するところは何か。彼女たちが「女子」という言葉にこだわり、いくつになっても「女子」であろうとするのはなぜか。それは、妻や母としてではない、〝私〟が主役の人生を送りたいというメッセージなのではないか。他の誰にでもない、〝私〟に萌える〝私〟が主役の人生。それは、ファッションやメイクで「女子」を装うだけではない。一生、「女子」として主役人生を謳歌するということ――それこそが、彼女たちが求める二十一世紀的生き方なのである。

「四十代女子」のアイコンである小泉今日子は言う。「これから先、死ぬまでずっと成長期。赤ちゃんの『歩きました！』と同じで『老眼鏡を買いました！』って日々の〝成長〟を楽しんでいます」（「Precious」二〇一一年三月号）。そう、彼女たちはいくつになってもあきらめないのである。四十代を人生の後半戦としてとらえるのではなく、いつまでも前半戦の勢いで突っ走る。「大人カワイイ」はそのための合言葉である。これからも上り坂の人生を歩むためには、大人になってはいけない。「我々は見事におこちゃまだ。おこちゃまのまま、だだをこねつつ自分かわいさに生きてきた[13]」のだから。

日々成長する〝私〟は、決してあきらめない。若干の肉体的衰えは気力で克服してみせる。たとえ、五十歳になっても、あらゆる手段を使って子どもを産んでみせる。その「夢」を実現したのが、最強の「五十代女子」・国会議員の野田聖子である。長年にわたる不妊治療の末に、第三者による卵子提供によって五十にして母となった彼女は、いまや女性誌の定番企画となった（高齢）出産特集に欠かせない存在だ。晩婚化と高齢出産化が進む「三十代女子」「四十代女子」にとっては格好のロールモデルだろう。二〇一一年三月号の「Grazia」では、一週間前に出産したばかりの彼女が十五の質問に答えているが、「ずっとなりたかった〝母親〟になられて、いま、実感されていることとは？」という問いに対し、「間違いなく今、思うことは、かけがえのないものとの出会いがあり、子どものおかげで自分の存在を、認識できたことです」と述べているのだ。恐るべし、聖子！　欲望のままに生きるカリスマ、あの松田聖子も顔負けである。

自分の存在を認識するために、あらゆる手段を使って出産という課題をクリアしたというのだろうか。〝私〟がより輝くための出産。母というステータス、やっと手にした子道具。五十歳で出産するのが「私萌え」でなくて何だろうか。〝私〟に萌え、〝私〟が主役と思うからこそ、「女子」は五十歳でも嬉々として、母親になることができるのではないか。

6 卒業のない女子校

本章では、二〇〇〇年以降のファッション誌で目立って使われるようになった「女の子」「ガール」「女子」といった呼称のなかでもとりわけ頻出する「女子」という言葉に焦点を当て、大人の女性に対する呼称として「女子」がなぜ使われるようになったのか、「女子」の意味するものは何かということを中心に考察をすすめてきた。

年齢や役割、生き方と強固に結び付いていたファッションが一九九〇年代を境にその呪縛を解き放たれた。女子大生もOLも主婦もキャリア女性も目指すところは同じとなった。もっとキレイに、もっとカワイく。ファッション誌にもはや大人の女性はいらない。いくつになっても少女のように愛らしい——「大人カワイイ」ファッションの台頭とともに、それを着こなす「大人女子」が増殖してきたのであった。すぐさまファッションの世界では、「三十代女子」や「四十代女子」が当たり前の存在となった。そして、いまや、「大人女子」はファッションやメイクの流行の域を超える現象となりつつある。

「女子」という言葉の裏側には、何歳になっても主役を降りたくない、脇役に回りたくない、という女性たちの願望が存在する。妻でもなく母でもなく、一人の「女子」として一生を生きていくという「四十代女子」の決意は、主役人生を全うすることの表明である。

さらに、「女子」という言葉は、既婚や未婚、キャリアや主婦といった立場に女性を分かつことなく、一つにする。女子と呼ばれ、まだ未分化だったあの頃、あるいは女子校時代のように。女性たちは自らを「女子」と認識することで、女子校のような男子不要の文化、男子のいない世界を求めているのかもしれない。それは、昨今流行している、女子だけの集いである「女子会」ブームにも見て取ることができる。

そもそもファッション誌の世界は女子だけの国、卒業のない女子校なのだ。女子校内での女子は、男子のためにおしゃれをしたり化粧をしたりするのではない。彼女たちは男性がいなくても、さまざまな衣服に身を包み、化粧を施すだろう。女子が「女子」として生きていくために、ファッションや化粧は存在するのである。十五年の長きにわたってファッション誌の編集に携わってきた女性は次のように言う。

編集者時代に学んだことは、「女性は誰かのためではなく、自分がなりたいと思う自分になるために、オシャレする」ということ。「男性に好かれる髪型特集」より、「私がいちばん美しく見える髪型特集」のほうが、圧倒的に支持されるのです(14)

つまり、女性たちは「私に萌える」ためにおしゃれをするのである。ファッション誌の世界では当たり前となったこの「私萌え」の姿は、いまやさまざまなメディアで目にすることができる。例えば、「大人女子」が愛飲する資生堂のザ・コラーゲンのCMでは、仲間由紀恵と水原希子が率いる、大勢のドレスアップした「女子」たちが華やかに女子会をおこなっている。満面の笑みで「女子」の世界を謳歌する彼女たちにつけられたキャッチコピーは「私のキレイが、あふれだす。女でよかった！」である。コラーゲンを飲んで美を保つのも、単に男性を惹き付けるためというわけではない。むしろ、いつまでも私が私に萌えるため、つまり卒業のない女子校の住人でいつづけるためというわけだ。

女子校文化は、メディアの世界に深く静かに領土を拡大している。自分たちを「女子」と呼びつづける三十代女さらには四十代女、そして男無用の「腐女子」……男の死角だったこの暗黒大陸が、あるとき幻のアトランティスが浮上するようにぬっとかれらの視野にあらわれたとき、いったい何が起きるだろうか(15)。

上野千鶴子の指摘を待つまでもなく、女子校文化はいま、いたるところで、声を上げ始めている。本章で扱った「大人女子」とその「大人カワイイ」ファッション、そして盛り上がりをみせる女子会、さらには可能性を秘めた女子力、果ては女子サッカー「なでしこジャパン」まで。今後も、女性たちが主役意識をもつかぎり、「女子」という言葉は、ファッション誌の枠組みを超えて広がり、女子会に代表されるような女子校文化がますます横溢するのだろう。なぜなら「私のキレイが、あふれ出す」かぎり、「女でよかった！」と感じるかぎり、「女子」たちは「私萌え」という卒業のない女子校に生きているからである。そのような時代には、あえて「暗黒大陸」に足を踏み入れ、渉猟する女子学こそ、求められるのではないだろうか。

注

(1) 一九八〇年代に一世を風靡したＤＣブランドファッションはもちろん、ニュートラ、ハマトラに端を発するコンサバティブなファッションも雑誌の力なくしてはここまで広がりえなかっただろう。

(2) 中沢明子（『それでも雑誌は不滅です！——愛と怒りのマガジン時評100』〔Asahi paperbacks〕、朝日新聞出版、二〇〇九年）によれば、とりわけ二〇〇八年には休刊した雑誌が多く、ファッション誌だけでも「NIKITA」（主婦と生活社）、「Style」（講談社）、「GRACE」（世界文化社）、「BOAO」（マガジンハウス）など多岐にわたっている。

(3) 斎藤美奈子『モダンガール論——女の子には出世の道が二つある』マガジンハウス、二〇〇〇年

(4) 小倉千加子『結婚の条件』朝日新聞社、二〇〇三年、五八ページ

(5) 本章で主に取り上げる宝島社系の青文字雑誌は、女子、女の子、ガールズといった言葉をほぼ同義に使用しているため、本章でもあえて厳密な区別はおこなわない。

(6) 付録の材質に関する規制緩和は二〇〇一年、景品の上限額に関する規制緩和は〇七年におこなわれた。

(7) ちなみに資生堂のキャンペーンモデルは十七歳の女優・武井咲が務めている。

(8) 筆者が担当する甲南女子大学の二〇一〇年度「ファッション・ビューティ論」受講者（百六十四人）のうち、三人の学生が平子理沙のCMに影響されて、新色の口紅を買ったと言う。

(9) 一九七五年「JJ」創刊時に理想的な読者層として想定されたのが、甲南女子大学とフェリス女学院大学の学生だった。これは、神戸発のニュートラ・ファッションと横浜発のハマトラ・ファッションに呼応している。

(10) キャバクラ嬢のファッションやメイクを紹介する前代未聞の雑誌。もちろん、読者モデルも現役キャバクラ嬢が務めているが、読者層は女子大生にも広がっている。

(11) 一九五八年創刊の伝統ある婦人向け総合雑誌。高級感あふれるカラーグラビアに定評がある。

(12) 小山静子『良妻賢母という規範』勁草書房、一九九一年

(13) 村上隆編著『リトルボーイ――爆発する日本のサブカルチャー・アート』ジャパン・ソサエティー／イェール大学出版、二〇〇五年、一四一ページ

(14) 木村文子「私萌えの女たちが世の中を変える!」「講談社百周年記念 この一冊!」(http://www.bookclub.kodansha.co.jp/konoichi/1107/08.html) から抜粋。

(15) 上野千鶴子『女ぎらい――ニッポンのミソジニー』紀伊國屋書店、二〇一〇年、一八九ページ

参考文献

米澤泉『私に萌える女たち』講談社、二〇一〇年

第3章

「かわいい」と女子写真

——感覚による世界の新しい捉え方

馬場伸彦

はじめに

「かわいい」とは何か？　それはどのような場面で使われる言葉なのか？　日常会話として頻繁に用いられているのに、これほど曖昧な意味のままに放置されている言葉も珍しい。しかし「かわいい」はいたるところに立ち現れ、その対象を含む領域は驚くほど多岐にわたっている。

実際のところ、「かわいい」という感覚を理性的に説明することはむずかしい。多くの人は、感覚を純粋に好き嫌いの問題だと考え、観念の領域に属する感覚語の「かわいい」には体系も論理的裏付けも不要だと思っている。だが、すでに「かわいい」は独自の審美的判断を醸成させており、サブカルチャーからハイカルチャーにまでその範囲を広げ、産業として日本経済を支える輸出コンテンツにまで成長した(1)。

世界を席巻する「ハローキティ」や東京・渋谷を舞台としたストリート・ファッションが、いまやアニメやマンガと並んで日本のポップカルチャーを代表する重要なコンテンツであることは世界の常識である。日本発の「かわいい」はすでに国際語の「kawaii」となって流通しているのだ。こうした状況をふまえただけでも、「かわいい」を単なる好き嫌いの二元論で片づけるべきではないといえるだろう。

本章の目的は、主に二つある。第一に、「かわいい」という感覚の本質を考察すること。「かわいい」は、意味の輪郭が明示されるような現象ではなく、もっと本質的で心理の深層にまで達するコノテーション的な現象のように思われる。また「かわいい」は、成熟や洗練を目標とする西洋的な美意識、価値観とは正反対の方向へと私たちを導いていく。それは積み上げて発展するのではなく、同語反復的にバリエーションを広げていく記号の戯れなのだ。

そして第二に、こうした「かわいい」という美意識、価値観を経由して、その影響と作用を「女の子写真」のなかに見いだすこと。ここでいう「女の子写真」とは、「女の子」を被写体に撮影した写真という意味ではなく、若い女性写真家の作品とその創作行為を指す（別の言い方としては「ガーリーフォト」「女子写真」などもあるが、ここでは同様の意味で扱っている）。その事例として、昨今の「女の子写真」ブームをつくった蜷川実花の写真作品を取り上げる。蜷川の写真は、若い女の子たちから「かわいい」と圧倒的な支持を集めている。「かわいい」を考えるうえで、これほど適した事例はない。

美術評論家の松井みどりは、「蜷川実花の写真は、人気が高い。そのことは、彼女の表現の芸術性を理解する上で重要だ」と主張する。「なぜなら、九〇年代後半から、写真史の知識よりも自らの感情に沿って作品を見、それを通した感覚の拡張を期待する、体験志向の強い観客が増えるなかで、写真史的権威とは関係なく観客自身の判断で選ばれる作品には、彼らをひきつける集合的な魅力があると考えられるからだ(2)」

〝彼ら〟とは、もちろん若い女の子たちのことだ。すなわち、蜷川の作品に共感し、自身を重ね合わせる写真受容者のことである。蜷川作品に対する圧倒的な人気は、女の子たちによって共有された「かわいい」の本質、すなわち〝集合的な魅力〟を解き明かす格好の道標となるにちがいない。

1 「かわいい」とは何か

四方田犬彦の『「かわいい」論』によれば、「かわいい」の源流は文語の「かほはゆし」であり、「顔」と「映ゆし」が結び付いた言葉であるという。最初に文献に登場したのは十二世紀に編纂された『今昔物語集』の第二十五巻六話であり、「痛ましくて見るに忍びない。気の毒だ。不憫だ」といった意味で使われていた。また、「心がとがめて顔が赤らむ状態。面はゆい。恥ずかしい。恥ずかしくて顔がほてる」という意味でも使用されていたようだが、時代が下ると「痛ましい」や「気の毒だ」といった否定的な意味合いが少しずつ薄れていき、「愛らしい」といった意味が優位となっていったという。

四方田は「かわいい」という形容詞の変遷をたどりながら、また当事者である若い学生の実際の意見を参照しながら、この「かわいい」という感情表現が現在のサブカルチャーに至るまで一筋の糸として日本文化のなかに流れていることを論証した。「小さなもの、脆弱なもの、他者の庇護を必要とするものに対する情感は、やがて自己言及して媚態を生み、しだいに独自の美学へ洗練されていく。二十世紀の後半にそれは消費社会の回路のなかで、巨大な産業にまで発展してゆくことに」(3)なったのである。

アニメ、マンガ、キャラクター商品、雑貨、小物、ファッション、ネイル――見渡してみれば、「かわいい」は私たちの日常空間の隅々に行き渡っている。「任天堂はポケモン・グッズで五〇〇〇億円を越すビジネスを商い、日本発のキャラクター商品の総売上は年間二兆円を越している。キティちゃん関連グッズは六〇ヵ国で販売され、その点数は五万点に及んでいる」[4]のであり、独自の美学の洗練であるか否かはひとまずおくとしても、まさしく「かわいい」が産業として巨大な領土を築き上げつつあることは疑いの余地がない。

興味深いのは、「かわいい」アイテムたちが電化製品のように機能的な進化を遂げるものではなく、またデザインのように洗練に向かわないという、その性質である。「かわいい」はイメージとして同語反復的に再生産され続けている。その意味で、「かわいい」はバウハウスが標榜したモダニズム運動やデザインという概念の対極にあるものだ。機能美と合理性を追求したモダニズム運動は、イメージではなく内容＝実体を伴ったものだが、一方の「かわいい」アイテムは外見の様式だけであり、内容や物語性はどうでもいい。いや、どうでもいいというよりも、問題視されていないのである。なぜなら、「かわいい」は対象を感覚的に経験するものであり、したがって、様式化され、記号化された表現を直截的に受容するものだからである。大抵の場合、それは人工物＝モノであるか、あるいは人工的な装飾が施されたものである。風景や自然に対して「かわいい」といわないのは、「かわいい」がもともと内容や指示対象的なコンテクストから分離した記号だからだ。

例えばサンリオのキャラクター「ハローキティ」は、スワロフスキーによってアクセサリーとして商品化されているが、それは必然的に素材のバリエーションだけにとどまることになる。スワロフスキーが新たな物語性や性格を付与することはなく、そこでは「ハローキティ」の完璧なまでに記号化された身体が美しく輝くクリスタルガラスに置き換えられている。消費されるのはアクセサリーとしてのモノ自体であり、様式が強調されているために、イメージであるキャラクター本体は消費されることがないのだ。この場合、「かわいい」キャラクターは、情緒反応を起こすメディアとして機能している。

精神医学者の斎藤環は、「かわいい」キャラクターの本質的な要素は、「閉じていて」、「ディスコミュニケーション」的関係を要請するものだと述べている。「表情に乏しく、共感がむずかしく、何を考えているのかわからないからこそ」「かわいい」のであり、その感覚は「児戯的」なディスコミュニケーションの一つの形式であるという。事実、「キティ」には口がなく、ディスコミュニケーションを暗示しているし、赤ちゃんや小犬にしてもしゃべれない。斎藤は、キャラクターで「かわいさ」が重要な意味をもつ理由は、それが空想と現実を橋渡しする「移行対象」であるからだ、と主張する。(5)

「移行対象」とは小児精神科医のウィニコットが提唱した概念で、人形やぬいぐるみなどが、発達のある段階の子どもにとって不可欠な愛着の対象となる存在を指す。ウィニコットによれば、乳児期の子どもは主観的な内的世界の空想のなかで生きているが、成長につれて外部の現実世界へと移行していく。その移行の橋渡しの役目をするのが「移行対象」なのだ。

私たちは「かわいい」アイテムと接することで、あるいは対象のなかに「かわいい」を発見することで、瞬時にして幸福感に包まれる。それがファンタジーとリアルの往還を可能とする「移行対象」的なものであるかどうかは別にしても、キャラクターに向けられる眼差しには、憧憬と親密さとともに、イメージ上での同一化へと導いていく側面がある。つまり自己とキャラクターとの間の境界が溶け合い、「かわいい」対象と自分自身があたかも一体化したかのような分身状態に陥るのである。

そうした分身状態は、例えばこんな場面にも見受けられるだろう。ディズニーランドでミッキーマウスに遭遇したとき、思わず「かわいい」と絶叫してミッキーに駆け寄り、抱きついてしまう。ミッキーを見た時点では対象は自己の外側にあるが、ミッキーに抱きついた途端に対象は内在化され、自分自身を幼い存在へ、小さくてかわいい存在へと変容させてしまうのだ。こうした場面では、「かわいい」キャラクターは自分自身を「子ども」へと、「弱きもの」へと変容させる引き金である。

その意味で、「かわいい」キャラクターへの眼差しは「自己愛」的でもある。「かわいい」対象への情緒反応の根底には、対象との自己同一化への欲求がある。つまり「かわいい」という言葉は、対象に向けられた眼差しとともに自分自身にも向けられているのであり、それが分身化を促す契機となっているのだ。

2 「かわいい」に向けられた眼差し

「かわいい／かわいくない」は瞬く間に峻別されるものだ。そこに準拠枠となるような規範は存在しないし、伝統や歴史性などが参照されるわけでもない。判断を決定づけているのは、「かわいい」対象との自己愛的な同一化がもたらす高揚感と快楽の度合いである。つまり、内容に関わる価値判断を要さない感覚語なので、当然のことながら、そこに政治性などが介在する余地はない。だから「かわいい」ものは、現実から私たちを容易に引き離し、歴史や制度によって構築されてきた価値観や美学を無効化する。

したがって、「かわいい」対象に向けられる眼差しは単一方向的であり、それが可能となるのは、写真や人形と同じように対象がモノに還元されたときである。見返され、威圧されるような大きな対象は「かわいくない」。親密感に満ちた「かわいい」キャラクターやアイテムは、一方的に「見られる」だけのものであり、いわば従属的な存在として位置づけられている。その存在理由は、受容者の解釈に依存しているのだ。「かわいい」判断の主観性にはこうした背景がある。

広告クリエイティブの世界では、〝表現に困ったときは子どもと動物の赤ちゃんを使えばいい〟などと揶揄的に言うことがある。誰もが無条件に「かわいい」と感じる子どもや動物の赤ちゃんは受け入れられやすく、決して反感を買うことがない。だから、創造性がなくても、容易に消費者の関心を引き付けることができるのだ。困ったときは「かわいい」ものを登場させればいいというわけである。

広告の成功の鍵は、共有されているコンテクストを利用し、「共感」を引き出すことにある。子どもや動物の赤ちゃんはいずれも小さく、弱々しく、母性本能をくすぐる受動的な存在だが、このことは「かわいい」キャラクターにもあてはめることができる。すなわち「キティちゃん」などの

「かわいい」キャラクターは、主体性を欠いた未熟な存在であるがゆえに、誰にとっても受け入れられやすいのである。

確かに斎藤がいうように、「かわいい」キャラクターそのものはディスコミュニケーション的である。だが、「かわいい」という反応が生起する「場」は、自己満足を出発点としながらも自己の内側で完結してはいない。ようするに、「かわいい」と発言される状況では、声が聞こえる範囲程度での、他者の「共感」が求められているのである。この反応は「かわいいよね、ほら、そう思うでしょう?」と同意を求める発言なのであり、決して他者を置き去りにした自己閉塞的な独白ではないのだ。

また、内容に立ち入ることがないこの感覚的な意見表明は、そこから議論が始まることを目的としてはいない。解釈の共有は実は二の次であり、「わかる」「そうそう」と相槌をうつ程度の「共感」があれば十分なのだ。それというのも、「かわいい」という情緒反応や意見表明は、仲間同士のコミュニケーションのきっかけとなる反射的な態度表明であるからだ。評価を問わないことで解釈の相違は回避され、女の子たちの容易に「連帯」と「共感」を得ることが可能になり、そこに「空気を読む」ことを重視する女の子たちの「かわいい共同体」が形成されるのである。したがって「かわいい」は、ナルシシズム的に「閉じている」というよりも、むしろ女の子共同体の範囲内でゆるやかに「閉じている」と言えるだろう。「かわいい」という発言は、共同体の内側で「共感」と「同意」に導くための〝メディア〟的な役割を果たしているのである。

もちろん、すべての人が「かわいい」の価値観やその美学に全面的に賛同しているわけではない。

多少の分別がある大人たちは、若い女の子たちがまるで失語症のように「かわいい」を連発する様子に戸惑いを隠さない。例えば、テレビや雑誌で若い女性歌手が「エロかわいい」ともてはやされるとき、もともと了解されていた「可愛い」という意味との違いに彼らは直面することになる。

また、グロテスクにしか見えない「キモかわ」にいたっては明白な判断基準など見当たらず、その評価は人によって大きく違っている。そもそも「キモイ＝気持ち悪い」は否定的な感情であり、反転して「可愛い」と肯定されるものではない。「「キモイ」が、しかし「かわいい」ところもある」とでも言ってくれれば納得できるが、「キモかわ」と二律背反的な価値観を並置されると、「どっちなんだよ」とツッコミを入れたくなるだろう。理性的ではない反応に対して恐れるのが大人たちの常なのだ。

女の子たちの主張はそうではない。「キモイ」ものも場合によっては「かわいい」に包含され、それは感覚的、反射的な感情表現として妥当性をもっている。さらには、「かわいい」は拡張解釈されて、多様な「派生かわいい」を生み出している。この種の派生語としては、「不細工」だが「かわいい」という「ブサかわ」、「グロテスク」だが「かわいい」という「グロかわ」といったバリエーションもある。

この「キモかわ」には、意味の落差や二律背反的な両義性を楽しむような遊戯感覚が認められる。例えば、普段は威厳や尊大さを演出して自らを大きく見せようとしているオヤジがふいに表情を緩め照れ笑いをするといった場合、その落差が「キモかわ」になり、犬では、鼻がつぶれて目玉が異様に左右に広がり、頭部のわりに脚が短く、バランスの欠けているパグに「ブサかわ」を感覚されるのだ。いずれにせよ、女の子たちは母性的な包容力によって、あるいはそれを劣位と見なすことによって、「キモかわ」「ブサかわ」「グロかわ」と名づけ、それらに新たな存在理由を付与していくのである。

3　蜷川実花の色彩と装飾性

現在、女の子たちの圧倒的な支持を集めている写真家が蜷川実花（一九七二年、東京生まれ）である。「蜷川ワールド」と称される彼女の写真は、ファッション雑誌、映画、広告などでひっぱりだこであり、写真集や関連グッズの売り上げも他の「女子写真」家より圧倒的に多い。「蜷川ワールド」のすべてを女の子たちは「かわいい」と承認する。

象徴的な出来事は、二〇〇八年十一月から十二月、東京オペラシティ・アートギャラリーで開催された個展「地上の花、天上の色」である。この展覧会には六万一千人余の観客が訪れ、オペラシティの来場者記録を塗り替えた。写真集やグッズの売り場には流行のファッションに身を包んだ女子たちの長蛇の列ができ、さながら音楽ライブ会場のようだったという。来場者が少ないことがむしろ当たり前の写真展で、この光景は異常である。

なぜ、蜷川の写真はこれほどまでに女の子たちを魅了するのだろうか。蜷川作品のどんなところが女の子たちの感覚と響き合うのだろうか。

周知のことだが、第一に蜷川が作り出す写真イメージは、ひとたび目にしたら忘れることができない強烈な色彩が特徴である。また、作品に現れるモチーフでも蜷川の個性は際立っている。花、金魚、子ども、目の大きなキュートなモデル、造花、宗教グッズ、水玉模様、ストライプ――彼女が選ぶ被写体や小物は、まさしく〝女の子好み〟のショーケースである。印象を決定づける原色の氾濫は、美とグロテスクの境界を軽々と越えて、めまいがするほどの感覚的な快楽を呼び起こす。

考えてみれば、そもそも女の子は写真との親和性が高いのだろう。スーザン・ソンタグがいうように写真は世界を縮小して〝小型模型〟に変容させるメディアである。だから、女の子たちにとって写真自体もまた「かわいい」ものの一つなのである。本城直季のミニチュア模型風写真が「かわいい」と女の子たちの間で人気となり、デジタルカメラの機能ボタンに加えられたのは、女の子たちが縮小されたモノや世界を再現前化した映像から人形遊び的な匂いを敏感に嗅ぎとっているためだろう。それは、小さくなった世界を自在に扱うことができるような錯覚を与え、見下ろす眼差しは母性本能と結び付いて快楽をもたらすのだ。

むろん、蜷川の写真作品には本城のような「逆あおり」を使ったミニチュア風写真は見当たらないが、まるでドールハウスのなかで撮影したかのようなポートレイトは数多い。おもちゃ箱を覗いているようなクローズアップも蜷川の得意とするところだ。

とりわけポートレイトは、注意深く観察すると、細部にまで慎重な「演出」が施されていることがわかる。モデルの服に反対色で合わせた背景は言うに及ばず、花や金魚といった自然物を撮る場合にも、被写体と背景とのコントラストや色の配置とバランスに気を配っていて、四角い写真の全体が美しい画面を構成するよう巧みにコントロールされているのだ。世界を装置によって縮小するのではなく、縮小した世界を小物や人を使って構成しているのである。

この点は、同時期に登場したヒロミックス（一九七六年、東京生まれ）の作品、すなわち日常のリアリティーを写し取ったストレート写真と大きく異なっている。(6) ヒロミックスはフルオートのコンパクトカメラ・ビックミニを使用して、身近な人や風景をスナップすることから写真活動を始めた。「写真には小難しいコンセプトや美学などは不要だ」と言わんばかりに、ストロボで被写体の目が赤くなろうと、歯をブリッジで矯正をしていようと、おかまいなしに撮っている。無造作にカメラを向けられた被写体は、思いがけない表情やしぐさをみせることになる。ヒロミックスの写真は、〝いま〟というかけがえのない瞬間こそが大切であるとストレートに訴えかける。つまり蜷川の演出的なポートレイトとは対照的な、スナップショットという言い方がぴったりとくる偶発的写真といえるだろう。

ポートレイト撮影で蜷川は、まるでお気に入りの服をクローゼットから取り出してベッドの上に並べるかのようだ。あるいは、旅行で買った安物のスーベニールをキャビネットの棚に陳列するかのように、独特な演出を施している。被写体の性格を印象づける小物類は、その場にあるがまま存在していたのではなく、演出効果を狙って配置されたものだ。ときとして背景から芝居の書き割りのような印象を受けるのはそのためで、生身のモデルがモノと等価となり、まるで人形のように見えることさえある。蜷川作品の背景に利用されるキッチュな小物類は、大抵の場合、彼女自身が用意するのだという。偶然ではなく、必然として人物を装飾するために持ち込まれた道具立てだ。だからどんなテーマであっても、蜷川の作品はすぐにそれとわかる。
装飾的で虚構的な「女子の妄想に完璧な形を与える演出力」[7]は、それを見る女の子たちの「かわいい」という感受性と響き合う。女の子であれば誰もが望む世界がそこにコラージュされ、具体的なイメージとなって現れている。その装飾性は、女の子たちのはやり言葉で言えば、「盛っている」のである。その意味で、蜷川の写真表現は「フォトグラフ（光で描く）」というよりも、むしろ「ペインティング（絵画的）」と言った方がしっくりとくる。

もちろん蜷川には、ポートレイト以外のスナップ的な写真作品も多数存在する。むしろ「お仕事」として撮る以外の写真のほとんどは風景写真といえなくもない。「蜷川カラー」「蜷川ワールド」といわれる彼女の強力なオリジナリティーは、こうした風景写真を通して評価されたものだ。[8]しかし、そこにある「蜷川カラー」は、あるがままの「自然な」色ではない。人工的で意図的に変容させた、つまり世界を〝蜷川色〟に演出した、偽装された風景写真なのである。それは「どこにもない世界」、すなわち蜷川が創り出した「理想郷（ユートピア）」なのである。この点で、それらは世界の瞬間をスナップショット的に切り取りながらも、決して偶発的な写真ではなく、演出的な写真ということができるのだ。

4　コミュニケーションを求める写真行為

蜷川作品の個性に関する批評では、世界的に有名な演出家・蜷川幸雄を父にもち、母は女優の真山知子という家庭環境の影響を指摘する見解がしばしば登場する。例えば写真評論家の飯沢耕太郎は、「東京オペラシティでの空間構成も、見世物小屋のように活気にあふれていた。これは演劇的な想像力が高くなければ実現できない[9]」と、父親ゆずりの演出力を評価している。

確かに、感性やセンスは生活環境を通じて育まれるものであることは否定できない。それが演出的、装飾的であることは先述したとおりである。しかし蜷川の写真は、目の前にある好きなものを、好きなように紙の上に残しておきたいと言わんがばかりの友達と感覚を共有したいとはしゃぐ女子高生のように饒舌で、屈託がないように感じられる。言い換えるなら、その写真は意図的操作よりも、「ガールズトーク」的な楽しさにあふれているのだ。あるインタビューで蜷川は次のように応えている。

私は、写真に限らず、世間に発表するものというのは、見てくれる人がいて初めて成立するものだって強く思うんですね。撮っている時には、誰々のためにとか、何々のためにということは考えないんですけど、その写真を発表するという段階になったら、見てくれる人のことを、すごく想像します。でも、どうしてこんなに大勢の人に見てほしいという欲があるんだろう？というのは自分ではよくわからない（笑）[10]

写真を撮ることが職業になる以前の蜷川は、何か撮ったら、「こんなの撮ったよ。見て見て！」

『プリンセス――栗山千明×蜷川実花』
講談社、2004年10月

というのが口癖だったという。表現という行為の前提に、他者とのコミュニケーションが強く意識されている。

写真ってかなり自分の感情と直結していて、いさぎよくていいなとも思います。同じ景色、同じ被写体を撮ったとしても、カメラを持つ人によって写真はびっくりするくらい変わってくる。その人がもともと持っている性格や、その時の気持ちが表れてしまいます。何を考えていたか、相手のことが好きかどうか、そういうのが全部出る。下手な心理テストなんかより、写真を撮るほうがよっぽどいろんなことがわかりますよ。(11)

写真で表現することは、蜷川にとって自分を語るのと同じである。つまり、鮮烈な赤い花弁や濃厚な青い空、ジェリービーンズをまき散らしたかのようなカラフルな「蜷川ワールド」は、彼女自身の内的世界の映像化でもあるのだ。それらは、個人的かつ親密な視点から「かわいい」ものを扱った写真であり、自己愛が最大限に表明された、いわば「告白的」な写真なのである。花と昆虫のクローズアップを中心にした写真集『Acid Bloom――蜷川実花写真集』(エディシオン・トレヴィル、二〇〇三年）のなかで、蜷川は「自分が植物になったような気分になる時、花にとまる小さな昆虫のような気分になった時、そんな時にシャッターをきった[12]」と書いている。ファインダーのなかで、目だけになった彼女は「見たい」対象と一体となる。「見る／見られる」という写真の本質的な関係がここでは消滅し、対象への同一化が起きている。しかし、この感覚こそ、「かわいい」を志向する女の子たちの感覚に共通するものなのかもしれない。

　飯沢はそんな作品の本質に「女性原理」を見ている。「蜷川実花の個展を見ながらあらためて感じたのは、彼女が非常に女性原理的な世界観をもつ作家だということだ。個としての自分が固まってしまって、他を寄せ付けないのではなくて、自分が柔らかく世界中に浸透していくことが、おそらく彼女にとっての理想なのだろう[13]」。「女性原理」とは「孤独な疎外感や不安感を基調とした表現ではなく、幸福感を強く出した作品の世界」の表象化を意味し、「孤立せず、伸び広がり、つながっていくということで充足感を得る」ために蜷川は写真を撮るのだと飯沢は説明する。

『蜷川妄想劇場』集英社、2008年3月

　こうした感覚は、男性写真家の態度、すなわち目によって対象を所有しようとする欲望とは大きく異なるものだ。蜷川は被写体に対して欲望するのではない。つまり彼女は、好きなものを獲得《シューティング》して所有したいのではなく、まさにそ

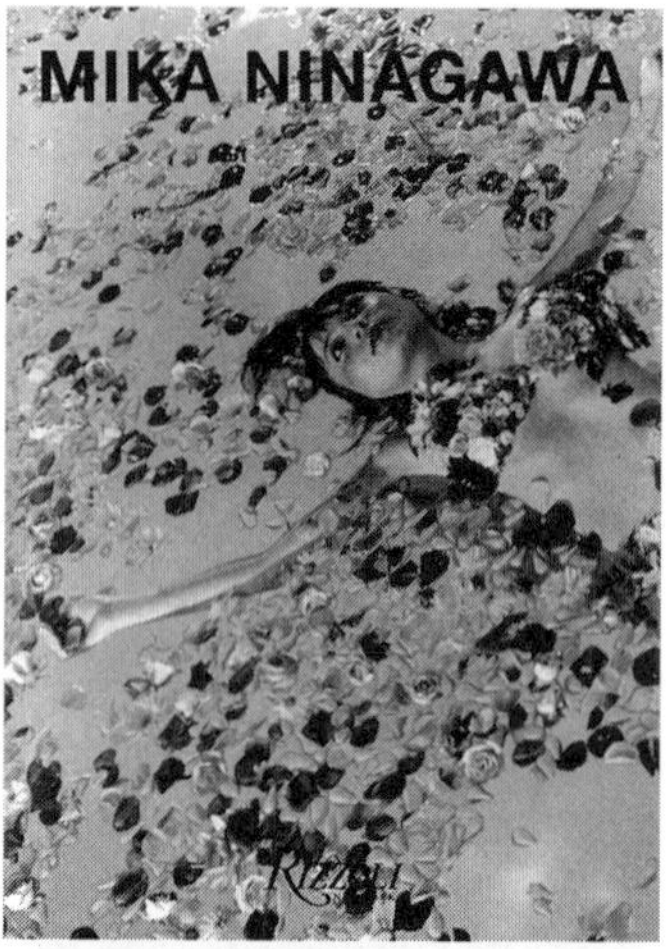

『MIKA NINAGAWA』Rizzoli International Publications, 2010

れに「なりたい」のである。

蜷川には、被写界深度を浅くして空気遠近法的な奥行きが立ち現れる表現を避けた、平面的な構図にした作品がしばしば見られる。その理由は、客体との距離によって構造を作り出すのではなく、平面上にオブジェとなった小物やモデルを配置して、そこに撮影という行為を通じて自己を投影し、妄想に形を与えていくことを目的としているからだろう。

これは蜷川の写真による「人形遊び」ではないだろうか。花や金魚や女の子という身体を使った「私遊び」の感覚ではないだろうか。米澤泉は『コスメの時代――「私遊び」の現代文化論』で、「「私遊び」のなかでもとりわけコスメフリークを夢中にさせているのはやはり変身願望を満たす書く行為、「私」というフィギュアづくりであろう。夢中になっているメイクアップに勤しむコスメフリークの姿は、着せ替え人形と遊ぶ少女の姿を彷彿とさせる」[14]と述べている。コスメとは「私遊び」の快楽であり、その快楽は人形遊びとの同質性をもっている。すなわち、コスメによって自身を人形化する遊びは、分身に自己を重ね合わせることだ。化粧や着飾ることで「かわいい」対象へと変身する。それは写真という手段によって再確認され、「見ること」の快楽となる。だから、蜷川の写真に選ばれたモデルたちは人形的で、誰もが「かわいい」と認めるアイコンでなければならなかった。あるいは初期の写真に見られたように、セルフポートレイトでなければならなかったのである。

雑誌やコマーシャルの仕事で撮影したモデルや女優などをまとめた写真集『Sugar and Spice』（河出書房新社、二〇〇〇年）や栗山千明にシンデレラや白雪姫などのコスプレをさせた写真集『プリンセス――栗山千明×蜷川実花』（講談社、二〇〇四年）、小栗旬や成宮寛貴などのイケメン男子俳優が被写体となった写真集『蜷川妄想劇場』（集英社、二〇〇八年）などでは、モデルたちが自ら進んで人形になりきって、蜷川と一緒に「私遊び」に耽っている様子を垣間見ることができる。

5 「かわいい」はおしゃべりと共感の共同体

アメリカの神経精神医学者ローアン・ブリゼンディーンによれば、「多くの女性が女性どうしのつきあいに生物学的慰めを得ており、言葉は女性どうしを結びつける接着剤だ」[15]という。女性の脳の言語野の一部は男性よりも大きく、女性は平均して男性の三倍は言葉をしゃべっている。「おしゃべりを通じたつながりは少女の脳の快感中枢を活性化する」(16)。女性が思春期に入るとエストロゲンがドーパミンとオキシトシンの産生量を増大させる。ブリゼンディーンは、ドーパミンは脳の快楽回路を刺激する神経伝達物質であり、オキシトシンは親密さによって増加する神経ホルモンであるという。

だとすれば、十代の女の子がおしゃべりによって共感と親密さを求めるのには、生物学的な理由があることになる。蜷川の写真経験が、おしゃべりによる脳の発達を促した女子学生時代に始まっているのも興味深い一致だ。蜷川は桐朋女子中学を経て、一九八八年に桐朋女子高校に入学した。高校一年のときにミノルタX700を買って写真を撮り始め、はじめはモノクロームの写真のセルフヌードや妹のポートレイトを撮っていたという。

中学生のころから、コンパクトカメラで何かを撮るのは好きで、人形や友だちなど、たくさんの撮影をしていました。ただ、いまに至るまでカメラという機械に対する愛情はぜんぜんなくて。機械が好きな人はたくさんいると思うんですけど、私はカメラ自体への愛情はぜんぜんない。何より、撮ることが楽しかった。写真というものは、自分が何かを作っている感を得やすい、最たるものだと思うんです。だから、今、女の子がみんなカメラを持って歩いているのは分かる気がする。写真は、撮ってすぐに見られるじゃないですか。時間もかからないし、シャッターを押すことは簡単にできる。表現したい欲を簡単に満足させてくれると思うんですよね。(17)

女の子たちがある対象を「かわいい」と感覚し、「かわいい」と条件反射のように発言するとき、それはエクリチュール（書き言葉）ではなく、パロール（話し言葉）だろう。そこでは本源的な「内容」は問われないので、同語反復的に価値が平行移動し、必然的に饒舌となる。結論を導くのではなく、おしゃべり自体が目的だからだ。

伝統的な価値観に縛られた男性中心の写真界にあって、蜷川はポップで、カラフルで、個人的なイメージを鮮やかに広げて見せた。その写真作品は彼女自身の内的世界が可視化されたものであり、自己の存在証明でもあった。蜷川作品の支持者たちは、その写真にさらに自身の同質性を重ね合わせてポップでガーリーな表象と一体となることで、満たされた気持ちになるのである。こうしてみると、「かわいい」の共同体はそれぞれの自己愛が最大限に尊重された〝妄想劇場〟といえるだろう。

6　悪趣味とキッチュの誘惑

美術批評家スーザン・ソンタグは、趣味に関するある種の感覚について、まず次のように語っている。「この世には名づけられていないものがたくさんある。そしてまた、名づけられてはいても説明されたことのないものがたくさんある」(18)

話題にすることが難しかった「ある感覚」とは、「キャンプ」と呼ばれる近代的な感覚である。この言葉は最近ではほとんど馴染みがない言葉なので、少し説明が必要だろう。ソンタグは、さしあたって次のように定義している。

キャンプは、感覚の自然なあり方――そういうものがあるとすればだが――ではない。それどころか、キャンプの本質は、不自然なものを愛好するところに――人工と誇張を好むところに――ある。そしてキャンプは部外者に近寄りにくいものだ。それは都会の少数者グループのあいだの私的な掟のようなものであり、自らを他と区別するバッジのようなものにさえなっている。(19)

蜷川実花の作品のある部分だけを取り上げて「キャンプ的」だと主張するつもりはないが、ソンタグのキャンプに関する洞察が「かわいい」の本質と重なっているのは偶然ではない。キャンプ趣味は、とりわけ芸術の分野では視覚的装飾に現れるものだ。内容よりも表面的なスタイルが強調されているので、ファッション、メイクアップ、インテリア、雑貨などに顕著に現れるのである。例えばフェイクファーや豹柄ファッション、付けまつげやネイル、ロココ風家具や造花などがその具体例だろう。蜷川が好んで使う作品の道具立ては、まさしくそういうものであり、また受容者である女の子たちも、そうした「キャンプ的」なものを「かわいい」と判断しているのである。
日常生活のなかでの装飾的な造形の領域は、高貴で真理に満ちた崇高な芸術よりも低く見られてきた。「かわいい」がまともな議論の対象として取り上げられてこなかった理由は、それが内容（本質）を問うものでなく、外見とスタイルの趣味性だったからだ。ソンタグが「キャンプ」を定義したように、「かわいい」にも「部外者」である大人たちにとって「近寄りにくい」ところがあり、女の子たちだけに共有された「私的な掟」をもっている。その結果、それらは本来の意図とは異なる文化的変更を受けていて、趣味がいいとはお世辞にも言われないのだ。分別がある大人たちの「かわいい」という言葉に対する違和感は、そうした趣味性を共有できないために起きるコンフリクトであった。

ソンタグがいう「キャンプ趣味」を別言すれば、「悪趣味＝バッドテイスト」になるだろう。「悪趣味」とは何か。西洋でのマニエリスム、バロック、グロテスクなど「悪趣味」の源泉を遡ることも可能だが、ジェーン＆マイケル・スターンの『悪趣味百科』を参照すれば、「悪趣味」のディテールが一目瞭然に把握できる。ジェーン＆マイケル・スターンは、「人工芝」「バービー人形」「キャンドルアート」「チワワ」「豹皮」「ペット服」「剝製づくり」「ロウ人形館」などを「悪趣味」の目録として世間に提示してみせたのだ。

悪趣味はしばしば自然を改良しようと試みる。木綿が良い物なら、しわになりにくいポリエステルは現代科学の奇跡が生んだ良いもの！　同様にプラスチックの造花は、手入れが大変な上にいずれ萎んでしまう生花に対する悪趣味の解決策である。付け爪の方が、指先に生えてくる本物よりずっと楽しい。何故なら本物には紫色の爪の先端に十四金でＰＡＲＴＹ　ＨＡＲＤＹ

（パーティに強い）などとよめるような小さなアルファベットの飾りなど付けられないからだ。悪趣味の観点から小型犬がかわいいというなら、ティーカップに入るほど人工的に小型化されたチワワ犬の方が一層かわいい[20]。

自然な様態からかけ離れ、美学的規範から逸脱したところに「悪趣味」は現れる。この「悪趣味」に包含される類縁概念が「キッチュ」というものだ。「キッチュ」は芸術や文学の領域で援用される言葉であり、もともとは美術商の隠語で、安物の美術品の意味として使われていた。現代では、本物とは異なる「まがいもの」「通俗的なもの」「いかもの」「偽物」といった意味で知られている。

世の中に「キッチュ」なものを氾濫させた要因の一つは、芸術の大衆的拡散であった。複製技術によって生まれた膨大な複製品は、その受容を容易にすることで大衆的な欲望と結び付いていった。高尚文化や伝統様式、権威への抵抗であるか否かは別としても、これが「いま」を拠りどころとする「キッチュ」の快楽主義を生んだのである。「キッチュ」が写真表現に現れやすいのは、それが複製技術の代表であり、自由な視覚表現を可能とするからだ。

私たちが「かわいい」と感覚するアイテムたちは、その根底に「悪趣味」や「キッチュ」を抱えている。いや、女の子たちがある特定の対象を「キモかわ」「グロかわ」と命名したように、それは「かわいい」属性の一部分なのである。私たちはほとんど子どものように「キッチュ」に魅せられる。良き趣味とは相いれない概念に活き活きとした生命力を感じ取り、陶酔してしまうのである。

そうした感覚はピエールとジルの写真作品を見れば容易に納得できるだろう。

ピエールとジルの作品世界の魅力は、あからさまで無節操な折衷主義にある。そこでは、土産《みやげ》物屋で売られるポストカードや教会のイコンの複製、造花や鍍金のいかがわしさなど、世界中の記憶（神話・宗教）が混ぜ合わされ、極端に様式化された肖像写真となっている。例えば、ヒンドゥー寺院のお土産用ポストカード的な背景で、きらびやかな装飾品を身に着けてシタールを弾く女性（Pierre et Gilles, *Sarasvati - Ruth Gallardo*, 1988）、模造の果物を散りばめた陶器におさまりポーズをとるラバーのメイド服をきた歌手のリオ（Pierre et Gilles, *La Soubrette- Lio*, 1995）、肌が象牙のように滑らかに加工され、プラスチックでできた大粒の涙を流している花輪のなかに顔を覗かせる少女（Pierre et Gilles, *Pleureuse-Catherine*, 1986）など。

SARAVATI-RUTH, 1988『PIERRE ET GILLES』TASCHEN, 1977

ピエールとジルの作品が発散する抵抗し難いキッチュ感覚は、酩酊にも似た陶酔感をもたらす。フランスの詩人シャルル・ボードレールが悪趣味に対して言ったように、〝あまりにもひどすぎて、すばらしい〟のである。

アメリカのテレビ番組プロデューサーであるピーター・ワードは「ある物がキッチュとみなされるようになるのは、それが良き趣味として確立された概念と衝突する時に始まる[21]」という。この衝突の度合いが大きいときに「悪趣味」となり、

「キッチュ」だと認識されるのだ。

　言うまでもないが、良き趣味であるためには洗練と威厳が不可欠である。そして、それを支える制度や物語性、あるいは神話と呼ばれる「内容」が備わっていなければならない。美学は良き趣味を支えるために奉仕してきたが、一方で、「かわいい」と見なされるものの多くは良き趣味とは対照的なものばかりである。そして、過剰ともいえる装飾性と幻惑する鮮やかな色彩には、人生を最大限に楽しもうとする自己愛的な喜びが満ちている。

　粉飾と加工が施されたピエールとジルの作品と演出的で自己愛的な蜷川の作品。両者が奇妙なまでの共通点をもっているのは、シミュラクルによる実在の代行がそこに表現されているからだろう。ピエールとジルにせよ、蜷川にせよ、その演出性や装飾性は、あるがままの様態から審美的効果を狙って加工し、変容させることを目的としている。つまり実際にあるものではなく、「第二の自然」とでもいうべき仮構の理想世界（ユートピア）がそこに立ち現れているのだ。ようするに、「蜷川カラー」とは単に色調を変換させて一風変わった写真作品を作り出す手段ではなく、あるがままの世界を主観的な世界に塗り替えてしまう方法論なのである。

「女の子写真」や「ガーリーフォト」という言い方に、はじめは「どこか揶揄や否定的なニュアンスが含まれてい[22]」たのは、蜷川実花らの登場が制度的価値観に対する衝突、カウンターだったからだろう。男性原理が支配する写真界では、「女の子写真」の台頭を一過性のブームと位置づけ、既存の写真表現の外側に「ガーリーフォト」「女の子写真」といったカテゴリーを措定し、一時的に囲い込めば安心できると考えられていたのである。しかし実際はそうではなかった。現在でも蜷川実花は精力的に活動し、それに見合った人気を維持しており、決して「女の子写真」が一過性のブームではないことを証明している。なぜなら、蜷川の写真は現在を生きる女の子の感受性と美意識に呼応した「世界の新しい捉え方」だったからだ。そして、その鍵概念を反射的・感覚的に言い表した彼女らの合言葉が「かわいい」なのである。

注

(1) 二〇〇九年に外務省は、ロリータファッションの青木美沙子、原宿系ファッションの木村優、ブランド制服ショップ「CONOMi」のアドバイザー藤岡静香の三人を「かわいい大使」に任命し、彼女たちをパリで開催された「ジャパンEXPO」などの文化交流イベントに出席させている。

(2) 松井みどり「欲望の視界、意味の誕生 感覚的写真の芸術性」、『蜷川実花——彼女の人生と彼女自身のポートレイト 総特集』(KAWADE夢ムック・文藝別冊) 所収、河出書房新社、二〇〇九年、一九一ページ

(3) 四方田犬彦『「かわいい」論』(ちくま新書)、筑摩書房、二〇〇六年、三七ページ

(4) 同書一四—一五ページ

(5) 斎藤環「〝移行対象〟の手触り」「芸術新潮」二〇一一年九月号、新潮社、九四ページ

(6) 蜷川実花とヒロミックスはともに第二十六回木村伊兵衛写真賞を受賞している。「ガーリーフォト」「女の子写真」という言葉は彼女らの登場によって流行した。

(7) 前掲『蜷川実花』一九五ページ

(8) 写真集の場合、プロセス現像処理によって極彩色に変えてしまう色調の再設定も蜷川独自の世界観

の制作に大きく貢献している。「蜷川カラー」と呼ばれる独特の色調は、写真をカラーコピー機で複写したのがきっかけだったという。「カラーで撮った写真をカラーコピー機で引き伸ばして手作りの写真集を作ろうとしていたとき、たまたま拡大コピーに使ったコピー機が壊れていて、原色が変に強調されるように出てしまったのがきっかけだった」（飯沢耕太郎『「女の子写真」の時代』NTT出版、二〇一〇年、一七八ページ）。その意味で、銀塩写真のオリジナルプリントにこだわる昨今の写真界と蜷川の世界観は対極にある。

（9）同書一七九ページ
（10）蜷川実花『ラッキースターの探し方』（仕事と生活ライブラリー7）、DAI-X出版、二〇〇六年、一五八ページ
（11）山内宏泰『彼女たち――female photographers now』ぺりかん社、二〇〇八年、三五ページ
（12）蜷川実花『Acid Bloom――蜷川実花写真集』エディシオン・トレヴィル、二〇〇三年
（13）前掲『「女の子写真」の時代』一八五―一八六ページ
（14）米澤泉『コスメの時代――「私遊び」の現代文化論』勁草書房、二〇〇八年、一七〇―一七一ページ
（15）ローアン・ブリゼンディーン『女は人生で三度、生まれ変わる』吉田利子訳、草思社、二〇〇八年、七二ページ
（16）同書七二ページ
（17）前掲『ラッキースターの探し方』四五ページ
（18）スーザン・ソンタグ「《キャンプ》についてのノート」『反解釈』高橋康也／出淵博／由良君美／海老根宏／河村錠一郎／喜志哲雄訳（ちくま学芸文庫）、筑摩書房、一九九六年、四三一ページ
（19）同書四三一ページ

(20) ジェーン&マイケル・スターン『悪趣味百科』伴田良輔監訳、新潮社、一九九六年、一五ページ
(21) ピーター・ワード『キッチュ・シンクロニシティ――二十世紀消費社会における悪趣味文化の変遷』毛利嘉孝訳、アスペクト、一九九八年、一七ページ
(22) 飯沢耕太郎『増補 戦後写真史ノート――写真は何を表現してきたか』(岩波現代文庫)、岩波書店、二〇〇八年、二五六ページ

参考文献

アブラアム・モル『キッチュの心理学』万沢正美訳(叢書・ウニベルシタス)、法政大学出版局、一九八六年
栗山千明×蜷川実花『プリンセス』講談社、二〇〇四年
蜷川実花『蜷川妄想劇場』集英社、二〇〇八年
蜷川実花『MIKA NINAGAWA』Rizzoli International Publications, 2011
ピエールとジル『PIERRE ET GILLES』TASCHEN, 1997

第4章

「少女マンガ」と「女子マンガ」

――女性向けマンガに描かれる「働く女性」のイメージ

増田のぞみ

1 「オトナ女子」のためのマンガ

近年、「少女マンガ」ではなく、「女子マンガ」という言葉を目にする機会が増えた。例えば、二十代後半から三十代の女性向け雑誌「FRaU」（講談社）は二〇〇九年九月号と一〇年九月号で「女子マンガ好きがとまらない」という特集を組んだ。その冒頭には「大人の女が胸を熱くし、現実を乗り越えていく糧にできる——それが「女子マンガ」！」[1]といった説明がある。また一一年初頭にはマンガ・アニメ・ゲームなどを主に取り上げる番組『MAGネット』（NHK）で「オトナ女子マンガ」特集が放映されたほか、年末には大人向け女性マンガ誌の「コーラス」（集英社）が「Cocohana——ココロに花を。（ココハナ）」に名称変更してリニューアル創刊され、創刊号の表紙に「トキメキのオトナ女子まんが誌」というコピーが躍った（図1）。

これらの事例では、「大人の女性が読む少女マンガ」といったニュアンスを込めるため、あえて「少女マンガ」ではなく、「オトナ女子マンガ」という呼称を用いたものと考えられる。だが、そのニュアンスはいまや「オトナ」さえも省略された「女子マンガ」で通じるほどになっていて、「女子マンガ」の読者は暗黙のうちに「オトナ」と想定されているようだ。

女性向けファッション誌の世界では二〇〇〇年代に入ってから、主に宝島社の雑誌によって「オトナ女子」のイメージが創出されてきたといえる。一九九九年に創刊された「sweet」が「二十八歳、一生女のコ宣言！」を掲げて話題となったのを手始めに、二〇〇三年創刊の「InRed」は「三十代女子」という言葉を浸透させ、一〇年創刊の「GLOW」にいたっては「四十代女子」の魅力をアピールしている。[2]

こうしたファッション誌を中心とした大人の女性が自らを「女子」と称する流れが大人の女性向けマンガ誌にも取り入れられ、「Cocohana」は「オトナ女子まんが誌」を自称するようになった。「コーラス」といえば、「少女まんがもオトナになる」というキャッチコピーを冠した「ヤングレディース誌」を代表する雑誌だったが、実は、「オトナ」になった「少女マンガ」は「女子マンガ」になったのだといえる。

この新たに登場した「女子マンガ」という言葉はいったい何を指し、「少女マンガ」との違いはどこにあるのだろうか。本章では、「女子マンガ」が指し示すものとその表現の特徴について考えていきたい。

図1 「Cocohana」2012年1月号（集英社）表紙

2 「女子マンガ」とは何を指すか

まず雑誌「Cocohana」と「FRaU」の特集記事から、「オトナ女子まんが」「女子マンガ」という言葉が何を示しているのかを考えてみたい。

先に述べたように、大人の女性向けマンガ誌だった「コーラス」は二〇一二年一月号（二〇一一年十一月二十八日発売号）より、二十代から三十代女性をターゲットにした「Cocohana」としてリニューアル創刊された。連載作家はその多くが「コーラス」から引き継がれたが、「Cocohana」創刊にあたって集英社が発表したプレスリリースによれば、「オトナになった今だからこそ読みたい、トキメキがつまったオトナ女子まんが誌」と新雑誌のコンセプトが語られ、創刊号の表紙には「トキメキのオトナ女子まんが誌」というコピーが入っている。

「Cocohana」の誌面では、映画や美容の情報ページが「ここはな女子部」と題されているのをはじめ、「がんばらずに女子力あげてみせます！」というエッセイマンガ「森下えみこの女子力アップけものみち」（森下えみこ）や、新連載「砂とアイリス」（西村しのぶ）での「マニアック女子の素敵な日常をさらりと描く！」といったアオリなど、編集者が担当する記事ページ、各作品のアオリやコピーに何度も「女子」という文字が躍り、何よりも「女子」を強調したページ作りとなっている。

ちなみに森下えみこは「三十代独身」であり、「砂とアイリス」の主人公は「発掘作業を愛する研究者の卵」で、二十代後半から三十歳前後の設定だと思われる。またこの創刊号でも注目された「YOU」（集英社）や「コーラス」を代表する人気作家・槇村さとるの新連載「YES!」の主人公は、七年間担当した帯ニュースを外された二十九歳の女子アナとなっている。

創刊号では合計九本の新連載がスタートしているが、東村アキコの自伝的作品である「かくかくしかじか」は美大受験を目指す高校三年生、「女子高生が足軽に――!?」という「アシガール」の主人公は十六歳の高校生、さらに「キャラメルタイム」では高校の図書部での活動が描かれるなど、三作品が女子高生を主人公としている。その他、一歳九カ月の孫をもつ「大阪のオバハン」を主人公にした「サムライカアサンプラス」を除けば、「今日は会社休みます。」は「彼氏いない歴三十三年」の三十三歳OL、「梢の森」は喫茶店のマスターになろうとする二十八歳女性、さらに二十代男女の群像を描く「そよそよ」があり、西村と槇村の作品を加えると、二十代から三十代の女性ヒロインが五作品を占める。

こうした新連載作品のヒロインの年齢設定から考えても、「Cocohana」はまさに「オトナ女子まんが誌」という言葉に象徴されるように、二十代後半から三十代あたりの「オトナ女子」を対象とした雑誌であることがわかる。

一方、雑誌に掲載された「女子マンガ」特集記事ではどのような作品が取り上げられているのだろうか。

「FRaU」二〇〇九年九月号の「情熱の「女子マンガ」七のキーワード」と題された記事には十五作品の紹介があり、(3)それぞれの作品の掲載誌は少女向けコミック誌が四作品、女性向けコミック誌が八作品であり、そのほか、「三月のライオン」は白泉社の青年向けコミック誌「ヤングアニマル」、「テレプシコーラ」は書評誌である「ダ・ヴィンチ」(メディアファクトリー)、「シンプルノットローファー」は太田出版の「ユースカルチャー誌」であり〝サブカル系〟ともいわれる「クイックジャパン」となっている。

また同じく「「女子マンガ」今、熱い五十タイトル!」という記事では、「各界きってのマンガ好きが選んだ「今」読むべき五十作品」が紹介されているが、その内訳を見ると、女性向けコミック誌、少女向けコミック誌、青年向けコミック誌に掲載された作品とともに、少年誌に掲載された「BAKUMAN」や「DEATH NOTE」「ONE PIECE」などの「少年マンガ」も並んでいる。

このように、「女子マンガ」はヤングレディース誌をはじめとする女性向けコミック誌に掲載された作品を指す場合が多いが、そこにとどまらない点に特徴がある。「少女向け」雑誌から「青年向け」雑誌、サブカル誌から「少年向け」雑誌まで含んでくるのである。そこに共通するのは、読者が「オトナ女子」であるという点だ。「オトナ女子マンガ」「女子マンガ」とは、作品の掲載媒体で判断されるものではなく、あくまでも読者を起点にして作られたカテゴリーと考えられる。

3 「少女マンガ」の曖昧さ

そもそも「少女マンガ」とは、一般的には「少女向けコミック誌」に掲載されているマンガ作品とされている。この「少女向けコミック誌」というカテゴリーは、送り手である出版社の側が定めたものである。

日本雑誌広告協会、日本雑誌協会、日本ABC協会などが定めた「雑誌ジャンル・カテゴリ区分」最新表「二〇一一年八月四日更新版」(4)によれば、「少女向けコミック誌」というジャンル・カテゴリーにあたる雑誌は、主なものとして「りぼん」（集英社）、「なかよし」（講談社）、「ちゃお」（小学館）のほか、「別冊マーガレット」（集英社）、「別冊フレンド」（講談社）、「花とゆめ」「LaLa」（ともに白泉社）、「少女コミック」（小学館）など二十三誌あり、主に十代をターゲットにした雑誌であると考えられる。[5]

出版社が定めた区分では、これより上の年齢層をターゲットにする雑誌はすべて「女性向けコミック誌」とされていて、六十一誌存在する。このリストを見ると、「女性向けコミック誌」のタイトル数は「少女向けコミック誌」の三倍近いことがわかる。[6]

こうした少女向けコミック誌の掲載作品だけを「少女マンガ」とするカテゴリ区分にはそもそも無理があり、「少女マンガ」は早い時期からこの枠組みだけではとてもとらえきれないものとなっている。その背景としては、①レディースコミック誌やヤングレディース誌をはじめとした、「少女向け」よりも上の年齢層向けのマンガ雑誌の増加と充実、②男女両方をターゲットにする新しいマンガ雑誌の増加、③少女マンガ家が青年誌や少年誌など男性向け雑誌で活躍する機会の増加などが指摘できる。

まず、一九六〇年代の末期から七〇年代にかけて、すでに「Seventeen」（集英社）や「mimi」（講談社）など、ハイティーン向けの雑誌が創刊され人気を得ていたが、八〇年代に入ると「BE・LOVE」（講談社）や「YOU」、「ビッグコミックフォアレディ」（小学館）など、大人の女性読者をターゲットにしたレディースコミック誌の創刊が続いた。そのなかから過激な性描写を特徴とするいわゆる〝レディコミ〟群が生まれてくるのだが、その一方で、八〇年代後半に少女向けコミック誌とレディースコミック誌との間の、中間的な読者をターゲットに創刊されたのがヤングレディース誌だった。

ヤングレディース誌の老舗だった「YOUNG YOU（ヤングユー）」（集英社）が創刊されたのは一九八六年で、同誌は「YOU」「オフィスユー」（集英社）の姉妹誌として、少女コミック誌とこれらのレディースコミック誌との中間的な読者層を想定していた。さらに八九年には「FEEL YOUNG（フィールヤング）」（祥伝社）が創刊され、続いて九四年には「コーラス」が月刊誌として正式にスタートした。

「コーラス」が表紙に「少女まんがもオトナになる」と掲げていたことからもわかるように、ヤングレディース誌はそもそも少女コミック誌との強い連続性をもっている。創刊時から「YOUNG YOU」の編集者を務めていた斉藤和寿は、創刊時の経緯を次のように語っている。

『別冊マーガレット』はもう卒業したけれども、『ユー』を読むまではいかない、少し手前の志向、世代の読む雑誌として生まれてきたんです。そこには、今までの少女マンガ誌ではなく、レディース誌でもない本ならば、「描きたい！」と思ってくれるマンガ家がたくさんいるのではないか、というもう一方の「読み」もあったわけですが。(7)

このようにヤングレディース誌では、少女コミック誌で描いてきた作家が年齢とともに描きたい作品が変わり、より上の年齢層に向けた雑誌にその読者（ファン）とともに移っていくケースがしばしば見られる。少女コミック誌とヤングレディース誌は読者が連続しているだけでなく、描き手となる作家も連続して移動しているのだ。

また読者の性別を限定せず、男女両方をターゲットにした新しいマンガ雑誌が増加したことも、「少女マンガ」の区分を曖昧にする要因となった。たとえ女性作家が「少女マンガ」風の絵柄やテーマで描いたとしても、雑誌の区分が少女コミック誌でなければ、「少女マンガ」とは言い難いケースが出てくることになる。

さらに、近年では少女コミック誌出身の作家が青年誌や少年誌など男性向け雑誌で活躍する機会が増え、男性向け雑誌と女性向け雑誌の双方で活躍する作家が増加した影響も大きい。また、少年誌で同人誌出身の女性作家が数多く活躍するなど、「少年マンガ」も大きく変化しているのだ。

4 「少女マンガ」というジャンル

「少女マンガ」をめぐるこうした問題提起は、これまでにもたびたびなされてきた。例えば、石田佐恵子は一九九二年の論稿で、ある作品が少女マンガであると見なされるための基準として、「少女向けマンガ雑誌に掲載された作品、あるいは、その雑誌の系列単行本として出版された作品」、「その作者が〈少女マンガ〉作者とみなされていること、あるいは、作者の〈少女〉性」、「その作品の読者が主に〈少女〉たちであること」、「ある特徴的な〈少女マンガ〉としての徴し（登場人物、テーマ、文体など）をもつこと」[8]という四点を挙げ、六〇年代にはこれらの基準の間には何の矛盾もなかったが、七〇年代以降、各基準の間の相互矛盾が明らかになってくると述べる。そのうえで、このような問いを考えるための「練習問題」として、「たとえば、萩尾望都が「少年チャンピオン」に連載した『百億の昼と千億の夜』は少女マンガといえるだろうか？　また、小椋冬美『天のテラス』はどうだろう？　石井隆の作品群が、その内容の特徴によって〈少女マンガ〉であるとみなされることもある」といった例を挙げている。石田は「これらの作品が少女マンガであるとみなされるか否かは、それを論ずる者の採用する〈少女マンガ〉の基準次第である」と述べ、「論じられる対象としての〈少女マンガ〉に込められる意味あい」の変遷を考察した。

一方、少女マンガが論じられる際には、いわゆる〈二十四年組〉の作家たちが目覚ましく活躍した一九七〇年代が、少女マンガの「黄金期」あるいは「成長期」、または「ジャンルの確立期」だとされることが多い。例えば大塚英志は、少女マンガにおける「内面の発見と喪失」を繰り返し指摘し、「少女まんがが〈内面〉を発見し、その言語的な描写の仕方が定型化されるのは七〇年代半ば、萩尾望都、大島弓子ら〈二十四年組〉の手によってである」[9]と述べ、これによって少女マンガが少年マンガのサブカテゴリーから自立し、ジャンルとして確立したことを強調している。

しかし考えてみると、〈二十四年組〉を代表する作家のひとりである竹宮惠子は石ノ森章太郎の影響を強く受け、『COM』（虫プロ商事）の熱心な読者であり投稿者であったことからも明らかなように、〈二十四年組〉の作家たちの特徴の一つとしては、その作風に少年マンガの影響を受けていることが挙げられる。また萩尾望都が「少年チャンピオン」（秋田書店）に「百億の昼と千億の夜」を連載したように、竹宮や萩尾は「少女マンガ」の枠を超え、SF作品などを通じて少年誌や青年誌にも活躍の場を拡げた作家であり、女性だけでなく多くの男性ファンをつかみ、男性批評家たちにも高く評価されている。

こうしてみると、一九七〇年代を少女マンガの「黄金期」と見なすか、「ジャンルの確立期」と見なすかはどうあれ、いずれにしても「少女マンガ」は「黄金期」の頂点で、あるいは確立されると同時に、すでに解体が始まっているジャンルだったといえるのではないだろうか。

5 「女子マンガ」の特徴

このように「少女マンガ」がますます曖昧なものであり続け、とらえきれなくなるのと並行して、二〇〇〇年代には「女子マンガ」という新たな言葉が好んで用いられるようになった。この「女子マンガ」という呼称が広がった背景には、従来の「少女マンガ」にとどまらない、何か新しいニュアンスを付与しようとする志向が働いていると考えられる。

先に見たように、「女子マンガ」の特徴としては、ヤングレディース誌を含めた高い年齢層向けの作品が多く含まれていること、また男女両方をターゲットにした雑誌に掲載された作品、青年誌に掲載された作品、さらには少年誌に掲載された作品までをも含んでいる点が挙げられる。「オトナ女子マンガ」「女子マンガ」とは、作品の掲載媒体で判断されるものではなく、読者を起点にして作られたカテゴリーであり、要するに二十代後半以降の「オトナ女子」が好んで読むマンガはすべて「女子マンガ」であるといえるのだ。これは受け手側が積極的に新たなカテゴリーを作ったものと考えられる。

「女子マンガ」はヤングレディース誌に掲載される作品群を核としながらも、「少女マンガ」と同様に、その範疇はきわめて曖昧なものである。しかし「少女マンガ」が送り手である出版社の定めた枠組みのなかで窮屈そうにしているのとは対照的に、「女子マンガ」では受け手の側が強引に新たなカテゴリーを作り出そうとしているかのようだ。受け手側が自ら名づけるカテゴリーであるだけに、どこまでも増殖する可能性をもつ点に特徴があるといえる。

また「少女マンガ」と「女子マンガ」を比較してみると、「女子マンガ」では読者の年齢層が上がるにしたがって主人公の年齢層も高くなることがわかる。二十代後半以降の女性のライフスタイルの変化に合わせるように、当然ながら作中には働く女性が多く登場することになり、恋愛の様相も今後の人生の展開を視野に入れた具体的なものへと変化する。「女子マンガ」の特徴は、恋と仕事、結婚や出産などの人生の転機に直面して迷い、決断するヒロインが多く登場する点にあるといえるだろう。ここからは、「女子マンガ」に描かれる働く女性ヒロインに注目していきたい。

6　女性向けマンガにおける「仕事」

働く女性を描いたマンガ、「仕事」をテーマにしたマンガは、女性向けマンガのなかでも重要な位置を占めている。例えば、少女マンガ五百作品を紹介した『二十世紀少女マンガ天国』[10]では「少女マンガが問いかける恋と仕事のわかれ道」[11]といった記事が見られるほか、「編集会議」二〇〇三年四月号の特集「総力特集少女マンガベスト200」の例のように、女性向けマンガを紹介するカタログなどには、必ずといっていいほど「仕事」というテーマが設けられている。[12]また「ＰＨＰカラット」二〇〇七年八月号に「働く女性が主役のお仕事系コミック大全」[13]という綴じ込みの特集記事が掲載されるなど、しばしば雑誌の特集も組まれている。

その他、川原和子『人生の大切なことはおおむね、マンガがおしえてくれた』[14]の第三章が「女子の自立とか、自由とか。…働くだけが自立じゃない、のかも。」と題されるなど、「仕事」は、少女マンガあるいは女性向けマンガについて語る際に避けて通れないテーマであると言っていい。

働く女性を描いた作品の傾向と大まかな流れを見てみると、働く女性をめぐる環境の変化に対応して、一九六〇年代から七〇年代には憧れの職業としてデザイナーやモデル、スターが多く描かれていたが、八六年の「男女雇用機会均等法」の施行や八〇年代後半から九〇年代にかけてのヤングレディース誌の台頭に伴って、一般企業で働くＯＬを主人公とする「お仕事マンガ」が増加していった。

また、働く女性が描かれるマンガを分類すると、①専門職系、②キャリア系・ＯＬ系、③癒し系・ギャグ系といったタイプに分けられる。専門職系の作品はいわゆる「職業もの」で、ナースや研修医、デパート販売員からお水、キャバ嬢など、専門的な職種に就く女性を主人公とし、その世界独特の文化や慣習を面白く読ませる作品が多い。キャリア系・OL系は一般企業に勤めるOLが主人公で、恋と仕事、自立といった自分の生き方やアイデンティティーに悩む姿を描いた作品群であり、ヤングレディース誌ではこのタイプの作品が最も多いと考えられる。癒し系・ギャグ系には、四コママンガを中心に幅広い作品群が含まれる。こうした作品はデフォルメされた絵柄でOLたちの日常を面白おかしく描いているが、働く女性のリアルな心情を切り取るもので、人気作品も多い。

こうした働く女性を描くマンガ作品は実写ドラマの原作になることも多く、メディアミックスによって相乗効果を上げているケースもある。特にヤングレディース誌に掲載されることが多いキャリア系・OL系の作品では、読者に「等身大の私」「これって私」と思わせるような、恋と仕事に悩む等身大の魅力的なヒロインを描くことが何より重要になる。

7 「働く女性」ヒロインの分析

では、「女子マンガ」の「働く女性」ヒロインたちはどのように描かれているのだろうか。ここからは、働く女性を描いた「女子マンガ」作品のなかから、特に近年人気を得た代表作としておかざき真里『サプリ』（図2）、槇村さとる『Real Clothes（リアル・クローズ）』（図3）、安野モヨコ『働きマン』（図4）の三作品を取り上げそのヒロイン像に注目しながら分析する。この三作は働く女性を描いた人気作を取り上げる際に必ず名前が挙がる作品で、ともに人気女優を主人公として実写ドラマ化され、女性読者だけではなく一般に広く知られたものとなっている。[15] ここでは、特にこの三作品の共通点と「女子マンガ」の課題について考察したい。

おかざき真里「サプリ」

「サプリ」は、二〇〇三年から〇九年にかけて「FEEL YOUNG」に連載された作品であり、まさにヤングレディース誌から生まれた「オトナ女子」のための作品といっていい。〇六年にフジテレビの「月9」枠で実写ドラマ化され、伊東美咲・亀梨和也が主演、関東地方で一四・三パーセントの平均視聴率を記録したヒット作品だ。単行本は十巻までで、〇九年に完結した。作者のおかざき真里は一九六九年生まれで、博報堂制作局での勤務経験があり、この作品はその経験を存分に生かしたものとなっている。

図2　おかざき真里『サプリ』第1巻（祥伝社、2004年）表紙

主人公の藤井ミナミは大手広告代理店でCMを作っており、昼夜問わず仕事に追われるハードな毎日を送っている。連載スタート時には二十七歳で「恋も仕事も」と忙しいが、ストーリーは冒頭で七年間付き合っている彼から「俺と仕事とどっちが大事?」と責められるシーンから始まり、第一話のラストで別れを切り出された。

槇村さとる「Real Clothes（リアル・クローズ）」

「Real Clothes（リアル・クローズ）」は、「YOU」に二〇〇六年から一一年まで連載された作品である。フジテレビで〇八年にスペシャルドラマ、〇九年に連続ドラマが放映され、単行本は十三巻で、一一年に完結した。槇村さとるは一九五六年生まれで、七〇年代後半から「別冊マーガレット」で活躍していたが、九〇年代にヤングレディース誌の草分け的存在である「YOUNG YOU」に舞台を移し、「おいしい関係」や「イマジン」など、働く女性を主人公とするヒット作をいくつももつ人気作家である。まさにヤングレディース誌を代表するマンガ家の一人といえるだろう。

主人公の天野絹恵は大手百貨店・越前屋に勤める、入社五年目の二十七歳の女性。学生時代から九年間付き合ってきた彼（達也）がいたが、上司となる神保美姫や田淵優作との出会いをきっかけに婦人服売り場での仕事が面白くなってきた頃、静岡の実家に帰ることになった彼からプロポーズされる。結婚して静岡に行くか、百貨店での仕事を続けるのか悩んだ末に、第四巻第二十八話で別れを選んだ。

安野モヨコ「働きマン」

「働きマン」は青年誌である「モーニング」（講談社）に二〇〇四年から連載され、単行本が四巻まで発売されているが、現在は休筆中となっている。二〇〇七年に日本テレビ系列でドラマ化され、菅野美穂が主役を演じて話題となった。

図3 槇村さとる『Real Clothes』第1巻（〔Queen's comics〕、集英社、2007年）表紙

図4 安野モヨコ『働きマン』第1巻（〔モーニングKC〕、講談社、2004年）表紙

安野モヨコは一九七一年生まれで、八九年に「別冊フレンド」からデビューしたあと、「FEEL YOUNG」に連載された「ハッピーマニア」（一九九五—二〇〇一年）によって注目を集めた。その後は「週刊ヤングマガジン」での「花とみつばち」、「イブニング」での「さくらん」、「モーニング」での「働きマン」など青年誌でも活躍し、「朝日新聞」では「オチビサン」を連載するなど、読者の年齢性別を問わず活躍の場を広げている。「働きマン」はここで取り上げる三作品のなかでは唯一青年誌での連載だが、女性にも幅広く支持されている。

「働きマン」の主人公は、「週刊JIDAI」編集者（版元は豪胆社）を務める松方弘子。連載スタート時は二十八歳で、三十歳までに編集長になるという目標を持っている。この作品の主人公は松方だが、毎回「張り込みマン」「ラーメンマン」「あやまりマン」といったかたちで、異なる登場人物の働き方にスポットを当てる構成になっている。松方には大手ゼネコンに勤務する、長く付き合ってきた彼（連載スタート時は二十八歳）がいたが、お互いに多忙ですれ違いが続き、単行本では第三巻第十九話で別れを切り出される。その後、再び連絡があり、名古屋への転勤を知らされるが、やはりそのまま別れることになった。

8 「戦場」で闘うヒロインと「働くこと」への教訓

この三作品を比較すると、いくつもの共通点が見られる。まず、いずれも連載開始時の主人公の年齢は二十代後半であり、多忙な仕事を抱え、恋に仕事に悩む姿が描かれている。三作品とも、物語の冒頭か前半部分で比較的長く付き合ってきた彼と別れることになり、その後に上司や同僚、仕事関係で出会った男性と新たな恋に落ちる展開になっている。

また三人のヒロインたちが共通して、それぞれの仕事を「戦闘」「戦場」と捉えていることも面白い。まだまだ男性が中心になる社会のなかで、日々「闘う」女性たちなのだ。「サプリ」では、第一話冒頭の出勤準備のシーンに「戦闘準備」「完了」という言葉が描き込まれている（図5）。出勤のためのメイクなども、さながら戦場で闘うための武装であるかのようだ。「働きマン」でも第一話から、「仕事してて最高に気持ちいい瞬間」として、「仕事モードオン!!」「男スイッチ入ります」というセリフとともに「働きマン」になる場面が登場する[16]（図6）。また「Real Clothes（リアル・クローズ）」でも、売り場で働く同僚たちは「戦友」と呼ばれる。

この日々の「戦闘」に関して、「筋肉を鍛えている」と表現される点も共通している。例えば「働きマン」の第二十四話では、主婦としての気遣いができる友人たちと比較して、「あたし仕事以外のスキルって上がってんのかな」とつぶやく松方に、友人の雅美（女医）は「鍛えた筋肉が違うだけよ」と告げる。

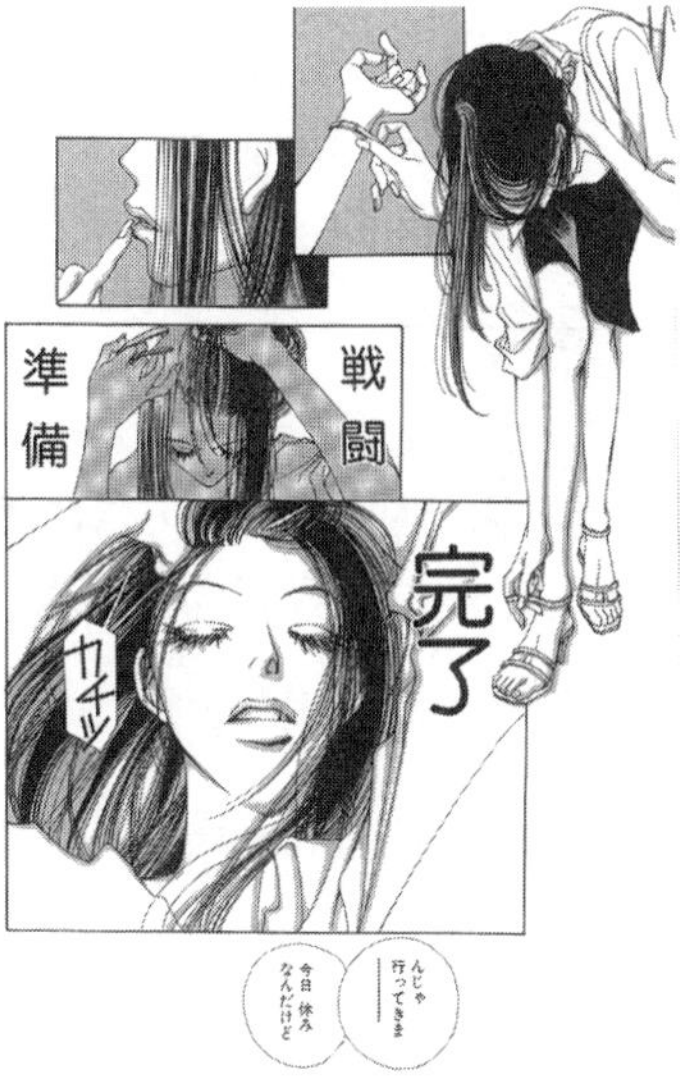

図5　前掲、おかざき真里『サプリ』第1巻、6ページ

さらに、こうした「戦場」の様子、それぞれの仕事内容が細部まで具体的に描かれているのも特徴だ。「サプリ」ではおかざき真里が実際に広告代理店に勤めており、主人公の藤井ミナミと同じくCMを作っていた経験をもつこと、「働きマン」の松方弘子が働く大手出版社（豪胆社）は安野モヨコが関わってきた講談社をモデルとしていると思われること、また「Real Clothes（リアル・クローズ）」が大手百貨店の売り場やバイヤーといった仕事に関して緻密な取材を重ねて

図6　前掲、安野モヨコ『働きマン』第1巻、27ページ

いることなどからわかるように、三作品ともそれぞれの仕事内容や「現場」の様子を詳細に描いたリアルな作品になっている。

彼女たちは目の前の仕事に全力投球し、昼夜問わず倒れるまで働く。あまりにもハードワークで「男並み」に働きすぎるきらいはあるが、とにかく一生懸命で、目標に向かって努力を惜しまないまっすぐさを持っている。それは適当に手を抜くことができない不器用さでもあり、読者はこうしたヒロインたちの闘う姿、世渡り上手とはとてもいえないまっすぐさと不器用さに共感するのである。

「仕事を頑張りたいときに読みたい」マンガのアンケートで、この三作品を選んだ読者の回答を見ると、「働きマン」では「男に負けてられない！」（二十七歳、商社）、「Real Clothes（リアル・クローズ）」では「目の前にある仕事を、丁寧にこなすことを教えてくれる」（二十六歳、広告）、「サプリ」では「働くことの意味を考えさせられる」（二十九歳、経理）といったコメントが紹介され、これらの作品を通じて「仕事への教訓を学んでいるよう」だと書かれている。

確かに、作中には「努力が評価されるのは義務教育まで！」（「サプリ」第一話）といった、「仕事」や「働くこと」に関して考えさせられる名言が並ぶ。ヒロインたちが「働くこと」に正面から向き合う姿を見て、読者も「自分はどのように働きたいか」「どのように生きたいか」と、それぞれに悩む主人公とともに考え、「働くこと」についての教訓を得ているのだ。まさにマンガを人生の「教科書」として、読者が生き方を学んでいるのである。

9「働き続ける」という選択

また、重要な共通項としてもう一つ、三人のヒロインがいずれも恋と仕事に迷った末に、それぞれ「働き続ける」ことを自ら選択している点がある。この選択は迷いなくなされるわけではなく、ああでもないこうでもないと逡巡した末に、それぞれがたどり着いた答えになっている。

例えば、「Real Clothes（リアル・クローズ）」で絹恵が〝仕事か結婚か〟という選択に悩む場面は次のように表現される。「出世したら幸せがあるの？」「根拠はないけど　縁遠くなりそうな気がするのは何故？」「プライベートを大事にしたら幸せになるの？」「小さくまとまりすぎてまずい気がする――って一体何がだ？」「大体　私の考える幸せって何？」（第八話）（図７）――絹恵は自問自答を続ける。その後、静岡の実家に帰ることになった達也との結婚を決意し、仕事をやめる決心を固めるが、達也の「どうせやめる仕事だろ　適当にしろよ！」という言葉に傷つく。絹恵は「結婚して達也の家に入ったって、仕事することはやめない！」「それは…こわいから…」「働いてないと

図７　槇村さとる『Real Clothes』第2巻（Queen's comics）、集英社、2007年、77ページ

不安だから」「自分の食いぶちを自分で何とかする力がなくなったら」「もう」「人として立ってる自信なくすから」と語り（図８）、こうした気持ちを理解してくれない相手と一緒に生きることはやはり難しいと考え、結果的に百貨店の仕事を続けることを選ぶのだ。

絹恵はその後、上司である田淵優作と恋に落ちるが、田淵が中国に行くことになり、再び結婚して中国に行くのか、東京に残るのかという選択を迫られる。再び迷った末に出した答えは「中国へは行きません！」というもので、「何より今はじめて自分の居場所を手に入れた気がします」「それを手離すのもくやしいしもったいないしイヤです」と、その理由をはっきりと告げる（図９）。それに対する田淵の答えは、「東京にひとりでおいていくのは心配だから結婚しよう」というものだった。そこで二人はお互いにそれぞれの場所で仕事をしながら、離れて結婚生活を送るという選択をすることになった。

一方、「サプリ」の最終回では、恋人であるカメラマンの佐原がオランダに二年間行くことになり別れを告げられる。藤井は「地球がこわれるくらいかなしい」と感じるが、それでも仕事になると立っていられることに気づく。そして、「訓練」「なのかもしれないなあ」「七年以上」「毎日鍛えた筋肉は」「倒れないための」「ヨロイになっている」というモノローグのあと、「私は何で仕事をやめないんだろう」とつぶやく。彼女はこのあと妊娠していることを知るが、それでも佐原には一言も告げず、オランダにも二年間一度も行くことなく、ひとりで出産して仕事も続ける選択をする

図8　槇村さとる『Real Clothes』第4巻（Queen's comics）、集英社、2008年、84ページ

図9　槇村さとる『Real Clothes』第13巻（Queen's comics）、集英社、2011年、135ページ

のだ。

二年後に再会することになった二人の今後について、友人たちは「経済力はあるからね」「自活出来てるからなー」「選択権は藤井にある」「もしかしたら私たちはそのために働いているのかもしれないね」と語り合う（図10）。

こうしたエピソードからは、「働く」ことが彼女たちにとって「自立」のための必須条件であり、それを手離さないことが人生にとっていかに重要であるかが、痛いほど伝わってくる。こうしたヒロインたちの選択は、読者にも自らの働き方や生き方を考えるきっかけを与えているのだろう。

もちろん、この三人はいずれも大手の広告代理店、出版社、老舗百貨店といった恵まれた場所で働くエリート女性であり、現実の女性たちの多くはこのような働き方をできるわけではない。残念ながら現状では、「働き続ける」という選択が可能な立場にあること自体が、当たり前のことではないのだ。むしろ実際にはそうはなれず、手が届かないからこそ、ヒロインたちは読者たちにとって「理想」のイメージとして輝いているのかもしれない。

図10　おかざき真里『サプリ』第10巻、祥伝社、2010年、203ページ

10　四十代・五十代の先輩女性との対比

さらにここで注目したいのは、三作品いずれにも、二十代後半のヒロインと四十代・五十代の女性登場人物との対比を描いたエピソードが盛り込まれている点である。

「サプリ」第一話に登場する先輩女性は「部署に一人はいる　四十代後半――独身」の「ヒラノさん」である（図11）。藤井は当初「あたしは　そうは　なりたくない」とつぶやいていたが、休日に一人で観葉植物を買う、「凜と背中のばしてシャツもきれいにアイロンあたってて」という凜々しい姿の彼女を偶然見かける。そこで藤井は、恋人である彼の「ああはなりたくねぇよなー」という言葉に対し、「確かにあたしはそう言ったかもしれねえ」「でもそれをてめえが言うな！」というモノローグとともに、涙を流して怒りを見せるのだ。

また第四話では、急な打ち合わせでデートをキャンセルすることになった藤井に対し、ヒラノさんが「次の約束とりつけてらっしゃい」「でないと」「私みたいになるわよ」と告げ、藤井がヒラノさんに「私ヒラノさんの事かっこいいと思います！」「女としてあこがれてます！」と伝える場面が描かれている。

一方、「働きマン」に登場するのは、外務大臣へのインタビューに行った際に出会った第二秘書の関口歌子である（図12）。関口は長年大臣の秘書を務める「キレ者美女」だが、松方が大臣に

「大臣にとって仕事とは？」と質問したあとで、「あの人にそんな質問したとて」「理想も美学も持っちゃいないわよ」と語る。彼女は大臣の機密費流用を松方に密告するが、なぜ自分に話したのかという質問に対し、「あなたが怒ってたからかもしれないわ……」「あたしにもそんな頃があったのを思い出した……」「なんか……なつかしかったわ」と語っている。

　これらの描写からは、二十代後半のヒロインたちが四十代後半から五十代の女性たちに対して、「そうはなりたくない」「乾いてる」といった辛口の批評をおこないながらも、同じように男社会で

図11　前掲、おかざき真里『サプリ』第1巻、12ページ

図12　前掲、安野モヨコ『働きマン』第1巻、20ページ

闘ってきた人生の先輩としての尊敬の念をもっていることがわかる。また、これらの先輩たちも若いヒロインたちを「同志」と認めており、アドバイスを与えたり共闘したりする姿勢が見られる。

ヒロインにとっての目標であり、人生のモデルのような役割を果たしている人物のなかで、一段と際立っているのが、「Real Clothes（リアル・クローズ）」で絹恵の上司となる婦人服統括部長の「神保美姫様（推定年齢五十五歳）」である（図13）。美姫は、第一話で初対面から絹恵に「つまらないものを着ていると」「つまらない一生になるわよ」と告げるなど、上司として、人生の先輩として、働き方や生き方について厳しく指導する立場にある。

美姫は二十七歳の絹恵に対して、「迷いどきね　自分のスタイルをつくり上げるチャンスでもあるわ」「私が二十七の時はもう「お局様」と呼ばれてたわ」「仕事も中途半端」「結婚もできてない」「それより何より自分がわからない何をしたいのか」「だからボディーに何を着せたらいいのかもわからなくなった」と自分の過去を話す（図14）。絹恵は「五十五になった自分」を想像し、「あんな贅肉のない　あんな落ち着いた声の……」「あんな雰囲気のある……」と、「美姫様」を目標と

図13　前掲、槇村さとる『Real Clothes』第1巻、50ページ

してまぶしく見つめている（第七話—第八話）。

絹恵はこの「美姫様」の厳しい指導のもと、婦人服売り場で経験を積み、百貨店での重要な戦力として成長していく。美姫は絹恵の長所を見つけてそれを伸ばし、絹恵を成長させてくれる存在である。それはさながら「スポ根」ものにおける「鬼コーチ」のような存在でもあり、「美姫様」はまさに「ガラスの仮面」（美内すずえ）でヒロインの北島マヤを厳しく育てた月影千草にあたるのだ。こうした同性の「先輩」たちに導かれ、ヒロインたちは成長していく。しかも絹恵はこの後、もう

図14　前掲、槇村さとる『Real Clothes』第2巻、51ページ

一人の上司であり、「エースをねらえ!」(山本鈴美香)の宗方コーチのような存在でもある田淵優作と結ばれることになるのだから、「Real Clothes(リアル・クローズ)」はまさしく「少女マンガ」の王道をいく作品であるといえる。

これらの作品には、コーチに導かれて成長する「エースをねらえ!」や「ガラスの仮面」のような「スポ根」的な要素、そして日々「戦場」で闘いながら仕事と恋に邁進するさながら『セーラームーン』のような「戦闘少女」ものの要素など、過去の少女マンガの人気ジャンルの要素が盛り込まれている。こうした点が、これらの作品が「女子マンガ」として愛されるゆえんといえるだろう。

11 「女子マンガ」は「四十代女子」「五十代女子」をどう描くか?

最後に、マンガ表現という視点から「女子マンガ」の今後の課題を考えるきっかけとして、このヒロインたちと先輩女性たちがどのように描き分けられているかを考えてみたい。「女子マンガ」は三十代、四十代、五十代の女性たちをどう描き分け、どう魅力的に描くことができるのだろうか。

まず二十代後半と設定されたヒロインたちだが、彼女たちは「二十代後半」でありながらも、顔や身体は十代とあまり変わらない若々しい姿で描かれている(図6)(図9)(図10)。ファッションによって二十代なりの落ち着きが表現されているが、顔にシワはなく、ファッション以外で十代女性と区別するのは難しいほどだ。

また三十代女性を主人公にした作品は「ベル・エポック」（逢坂みえこ）や「バツイチ30ans」（小池田マヤ）など、ヤングレディース誌での人気作がいくつもある。そして、そのヒロインの多くは「Cocohana」の創刊号から連載が始まった「きょうは会社休みます。」の青石花笑のように、十代・二十代の顔や身体とほとんど変わりなく描かれている（図15）。どうやら「三十代女子」までは、「女子マンガ」の文法でも矛盾なくヒロインとして描けるようなのだ。

図15　藤村真理「きょうは会社休みます。」、前掲「Cocohana」2012年1月号、43ページ

これに対して、「ヒラノさん」や「美姫様」といった四十代・五十代の女性たちは、口元のほう

れい線がはっきりと描き込まれ、目元のくぼみが強調されることで、「加齢」が表現されている（図11）（図13）。すでに述べたように、「美姫様」や「ヒラノさん」は主人公たちにとって「同志」であり「師」であり、目標となる重要な人物である。しかしヒロインとの描き分けのためか、どうしても年齢を強調するような表現になっていて、「女子マンガ」的には、読者が憧れる魅力的な人物として描かれているかどうかは疑問である。

考えてみると、「女子マンガ」では、四十代以降の働く女性（特にシングル）を主人公にした作品はきわめて少ない。それはやはり、「女子マンガ」が「少女マンガ」との連続性を強くもち、「少女マンガ」的な表現で描かれているからだろう。つまり現状の「女子マンガ」の文法では、四十代・五十代の女性の「老い」（加齢）をそれなりに示しながら、かつヒロインとして魅力的に描くことが難しいからではないだろうか。

ファッション誌の分野では、「GLOW」が「ツヤっと輝く、四十代女子力！」「好きに生きてこそ、一生女子！」[17]と謳い、「一生、「女子」として主人公人生を謳歌すること」を宣言[18]している。「女子マンガ」の今後の展開を考えると、ファッション誌と同様に、「四十代女子」「五十代女子」を魅力的に描くことが求められているはずだ。「四十代女子」「五十代女子」がヒロインとして活躍する、新たな「女子マンガ」の登場が待たれる。

また、「働く女性」を描いたマンガについて考えてみると、その種の作品は低年齢向けの雑誌にはあまり見られないことがわかる。アイドルやモデル、あるいはパティシエなどの限られた職業を除けば、十代向けの少女コミック誌で働く女性が主人公になることは少ない。これは十代読者にとっての「日常」では「働く」という行為が身近ではないからだ。ただしこの点は、雑誌文化が年齢と性別で読者を「分断」してしまったセグメント化の弊害であるとも考えられる。働く女性を描いた作品を通して、十代読者が上の世代のさまざまな人生の「モデル」に触れる機会が増えることが望まれる。

さらに言えば、これまで見てきたように「女子マンガ」は掲載誌にかかわりなく増殖するものでもある。「女子マンガ」を愛する一読者としては、「四十代女子」や「五十代女子」の魅力的なヒロインが活躍する作品が、少女誌だけでなく青年誌、少年誌にまで登場し、「働く女性」をはじめとする多様な女性像を幅広く示してくれることを期待している。

注

(1)「FRaU」二〇〇九年九月号、講談社、九二ページ。二〇一〇年九月号は「女子マンガ好きがとまらない　恋愛よりも面白い!「恋愛マンガ」」という特集記事になっている。また、この「女子マンガ好きがとまらない」特集で主要なライターを務めていた小田真琴が、「オンナを刺激するニュースブログ」という大人の女性向け情報サイト「サイゾーウーマン」で、「まんが難民に捧ぐ、「女子まんが学入門」」という連載をスタートさせたのが〇九年十一月であり、この連載は現在も続いている。

(2)本書の米澤泉「第2章　卒業のない女子校——ファッション誌における「女子」」の記述を参照のこと。

(3)十五作品は、「舞姫 テレプシコーラ」(山岸凉子)、「溺れるナイフ」(ジョージ朝倉)、「三月のライオン」(羽海野チカ)、「Real Clothes(リアル・クローズ)」(槇村さとる)、「大奥」(よしながふみ)、

「ガラスの仮面」（美内すずえ）、「プライド」（一条ゆかり）、「ちはやふる」（末次由紀）、「青空エール」（河原和音）、「君に届け」（椎名軽穂）、「坂道のアポロン」（小玉ユキ）、「シンプルノットローファー」（衿沢世衣子）、「ラウンダバウト」（渡辺ペコ）、「海街diary」シリーズ（吉田秋生）、「うさぎドロップ」（宇仁田ゆみ）となっている。

（4）「雑誌ジャンル・カテゴリ区分」は、日本雑誌広告協会、日本雑誌協会、日本ABC協会の協力を得て、三協会加盟雑誌を対象に作成されている。この「更新版」は、二〇一一年八月に「雑誌分類認定委員会」によって更新されたデータとなっている。http://zakko.or.jp/jpn/subwin/genre.html 参照。

（5）これはあくまで送り手の側がターゲットとして想定する読者の年齢層による区分であり、実際の読者にはさらに上の年齢層も含まれている。

（6）「雑誌ジャンル・カテゴリ区分」では、年齢は男女ともに「ティーンズ：十九歳以下、ヤング：二十〜二十四歳、ヤングアダルト：二十五〜三十四歳、ミドルエイジ：三十五〜四十九歳、シニア：五十歳以上」と設定されている。女性向けのファッション誌は「ライフデザイン」という大分類にまとめられ、ジャンルはそれぞれ女性ティーンズ誌、女性ヤング誌、女性ヤングアダルト誌、女性ミドルエイジ誌、女性シニア誌に分かれていて、そこからさらに「カテゴリ」に細分化される。例えば女性ミドルエイジ誌には「三十代ファッション」「四十代ファッション」「ライフスタイル・総合」「生き方」という四つのカテゴリが設定されている。それに対して、「少女向けコミック誌」と「女性向けコミック誌」は、「ジャンル」と「カテゴリ」がともに同じ名称として設定されている。

（7）香山リカ／布施英利／石田佐恵子／赤木かん子／柏木博／四方田犬彦／高山宏／松岡正剛／金子郁容『コミックメディア——柔らかい情報装置としてのマンガ』（Books in form）、NTT出版、一九九二年、二九四ページ

（8）石田佐恵子「〈少女マンガ〉の文体とその方言性」、同書所収、五七―六〇ページ
（9）大塚英志『戦後まんがの表現空間――記号的身体の呪縛』法蔵館、一九九四年、六五ページ
（10）『二十世紀少女マンガ天国』エンターブレイン、二〇〇一年
（11）「少女マンガが問いかける恋と仕事のわかれ道」、同書所収、一六二―一六五ページ
（12）「Web & publishing 編集会議」二〇〇三年四月号、宣伝会議、六二ページ
（13）増田のぞみ監修「働く女性が主役のお仕事系コミック大全」「PHPカラット」二〇〇七年八月号、PHP研究所
（14）川原和子『人生の大切なことはおおむね、マンガがおしえてくれた』NTT出版、二〇〇九年
（15）「an・an」二〇一〇年七月十四日号（マガジンハウス）の特集「マンガ大好き！」では、「an・an」読者千四百八十二人へのアンケートをおこなっている。この特集で「仕事を頑張りたいときに読みたい」マンガとしてランキングされたのが、第一位「働きマン」、第二位「Real Clothes（リアル・クローズ）」、第三位「サプリ」という三作品だった。
（16）この場面に関しては、「なぜ仕事をするのに「男」モードにならないといけないのか」とよく疑問視される。「働きマン」は男性読者が多い青年誌である「モーニング」連載ということもあるが、ここで取り上げる三作品のなかでも、松方は最も「男並み」に働くヒロインである。
（17）「GLOW」二〇一〇年十二月号（創刊号）、宝島社、表紙
（18）本書の前掲「第2章　卒業のない女子校」を参照のこと。

第5章　オタクならざる「オタク女子」の登場

——オタクイメージの変遷

池田太臣

1 オタクならざる「オタク女子」の登場

「小悪魔ageha」（インフォレストパブリッシング）というファッション雑誌に、「近頃私たちにはヲタの血が混ざっている」[1]（図1参照）と題する特集記事が掲載された。この特集では、「小悪魔ageha」のモデルたち（以下、「ageha モデル」と略記）が、自分のオタク的趣味を紹介したり、コスプレを披露したり、「日本最大のヲタクイベント」である夏の「コミックマーケット」へ潜入取材したりしている。

この記事は、冒頭の「私たちも人の子!!アキバには通わなくても同人誌には興味がなくても、アニメも漫画もゲームもBLもなんだかんだで好きなんです実は…」[2]という文章から推測されるように、ageha モデルたちが自分のオタク的趣味をカミングアウトする体裁をとっている。

ファッション・モデルを職業とする人たちが自分たちのオタク的趣味を堂々と公言していることに、隔世の感を禁じえないのは筆者だけではないだろう。そもそも、オタクという言葉が日本社会に広まったときのイメージは、ファッションとは無縁のものだった。事実、いま紹介した文章のなかにも「実は…」という言葉が入っていて、これには〝意外にも〟〝結びつかないように見えて〟といったニュアンスが込められている。どうも、オタクのイメージや意味内容は現在、変化しつつあるようだ。

図1　「小悪魔ageha」の特集

〝オタキング〟を自称する岡田斗司夫も、〝オタクの変容〟に驚きを隠せない者のひとりである。彼は、現在の若い世代のオタクに対して感じた「いくつかの違和感」をもとに、(3)「オタクは死んだ」と結論づけている。(4)

岡田のいう「オタクは死んだ」という言葉は、マンガやアニメやゲームなどの個々の「オタク作品が死んだ／ダメになった」のではなく、「従来のオタクが共有していた共通意識」が「喪失された」ことを指しているようである。(5) オタクが共有していた共通意識とは「『世間とは違う生き方をしているオタク』という一体感みたいなもの」であり、「『世間がクリスマスとはしゃいでいるときに『俺たちはコミケがいい』と言って団結できる、そういう『世間から外れたもの同士の仲間感覚』みたいなの」(6)である。

ここで岡田が表明しているのは、メインカルチャーに対抗する〝サブカルチャー的自意識〟とでもいうべきものだろう。あるいは、岡田の言葉で言えば、「貴族主義」や「エリート主義」[7]である。こうした意識がなくなり、代わって登場したのが、「萌え」という言葉に代表される「快楽原則」[8]なのである。

岡田の議論に同意できるかどうかはおくとしても、従来のオタクイメージが変容しつつあることは間違いない。本章では、オタクという言葉が広まった一九八〇年代末から「ageha モデルでオタク」という人たちに代表される「オタク女子」たちが登場する現代まで、どのようにオタクイメージが変化してきたのかを追っていく。

2 オタクという言葉の普及

オタクという言葉は、ロリコン漫画誌「漫画ブリッコ」一九八三年六月号で、中森明夫が使ったのが最初とされている。[9]中森がいう「おたく」(当時は、ひらがな表記)とは、マンガやアニメ、鉄道、SF、パソコン、アイドル、オーディオ機器などに熱中する若者の一群を指していた。中森は「おたく」を、コミュニケーションが苦手で、社交性に欠ける人物として描いた。

中森が使ったオタクという言葉は、その後、一部のパソコン雑誌やアニメ雑誌では使われていた[10]ようだが、誰もが知っている言葉ではなかった。オタクという言葉が日本社会に広まったのは、一九八八年八月から八九年六月にかけて東京都と埼玉県で起きた連続幼女誘拐殺人事件がきっかけである。

　この事件の報道で、大量のビデオテープや雑誌に埋め尽くされた犯人の自室の写真（図2）が公開されることによって、犯人はアニメやホラービデオといった虚構の世界に埋没する典型的なオタクである、という印象が形づくられた。この事件の初公判の記事では、「宮崎勤被告（二七）が、ビデオやアニメなど自分だけの世界に没頭するいわゆる『おたく族』の一人だったことに、大きな関心が集まった」と書かれている（「朝日新聞」一九九〇年三月三十日付夕刊）。

　いってみれば、この事件によって、問題人格としてオタクが発見されたといえるだろう。そのイメージは、当然のことながらネガティブである。例えば、この事件後に出版された『おたくの本』（図3）では、次のようにオタクが描かれている。

図2　犯人の部屋写真
（出典：都市のフォークロア会編『幼女連続殺人事件を読む』JICC出版、1989年、70ページ）

　幼女殺人事件で突然大衆メディアに浮上した「おたく族」なる言葉。大新聞や週刊誌によると、「おたく族」とは「アニメやマンガのファンで、ファッションや恋愛に興味のない暗い青少年」ということになる。これを翻訳すると、「わけのわからないことをやっている、薄気味の悪い、社会的意味のない奴ら」というこ

とになる。あなたもきっと、そう思っているはずだ[11]〔傍点は引用者〕

傍点部にあるように、オタク(ないし「おたく族」)とは、単に「アニメやマンガのファン」であるだけでなく、「ファッションや恋愛に興味のない」人々だとされている。

もちろん、オタクの特徴はこれだけではない。もう一つ重要な特徴として、コミュニケーション能力の低さが挙げられている。また、そのコミュニケーション能力の低さに関連して、次の引用でわかるように、いまでいう「恋愛弱者」としての側面も強調されている。

図3 『おたくの本』の表紙。表紙を見ただけでも、当時のオタクイメージがよくわかる

現実のなかで生活するには働かなければならない。仕事をするには、価値観の違う他者とも関係しなければならない。世間の他者と接するためにはきちんとした服装をしなければ相手にされない。ましてや結婚するためには、完全に違う人類である異性ともうまくコミュニケーションしなければならない。このようにして生きている個人の趣味はただの趣味でしかない。マニアであっても、別の価値観を持つ他者と関係性をもてる人は「おたく」とは呼ばれたりはしない[12]。

オタクとは、単なるマニアではない。オタクは〝別の価値観をもつ他者と関係性をもてる人ではない〟のである。

この特徴を端的に言い表すならば、〝非社会性〟である。一般的に、比較的若い世代に関する批判的論調は、その非社会性に向けられがちである。非社会性が過度に進んで、反社会性に転じることに危機感を覚えるからである。連続幼女誘拐殺人事件は、そうした若い世代への負の想像力を十二分に発揮させる、格好の機会だったといえる。

この連続幼女誘拐殺人事件の直後も、オタクへのバッシングがしばらく続いた。大塚英志や中森明夫のようにそのバッシングに対して、抵抗を試みる者もいた(13)。

しかし、松谷によれば、このバッシングはそれほど長くは続かなかったようである(14)。事件の数カ月後からは、「逆に、ほとんどが〈オタク〉を擁護するか、もしくは称揚するものばかりであった(15)」という。コミックマーケット準備会による「コミケ」の説明資料『コミックマーケットとは何か』でも、「逆にコミケットの存在を知らしめる結果に(16)」と書かれている。

3　オタクとは誰か？

ここで、この事件によって喚起された「オタク」の内容について整理しておこう。大澤真幸は、オタクを二つの条件をあわせもった人々と定義している。一つは、ある特定の趣味領域への異常な（ように見える）没頭である。

第一に、オタクとは、アニメーション、ヴィデオ、SF、テレビ・ゲーム、コンピュータ、アイドル歌手、鉄道などいずれかに、ほとんど熱狂的と言っていいほどに没頭する人たちである。オタクが一般の人を驚かすのは、この熱狂である。もう少し厳密に言えば、彼らの知識を彩る、意味的な稀薄さと情報的な濃密さの交錯である。オタクの行為や知識は、支配的な社会的規範から判断すれば、いかなる有効な意味をも持たない。それらは、何にも役に立たないし、また「高尚な芸術」のようにそれ自身として価値あるものとして遇されているわけでもない。ところが、それにもかかわらず、彼らの知識は、対象となっている領域のごくごく些細な部分にまで及んでいる。(17)

オタクたちは、ある特定の領域に詳しいというだけでない。その知識は「役に立たないし」、また「それ自身として価値あるもの」でもない。だからこそ、その詳しさに人々は違和感を抱くのである。

第二の条件は、コミュニケーションのあり方の問題である。大澤によれば「オタクは、興味の対象となった事物との関係において以上に、他者との社会的な関係のうちにその固有性を示す(18)」という。大澤の説明によれば、お互いに相手の内面へと深入りすることなく、「相手が自分と同種の知識や情報に意欲を持っているということ以外には、相手に興味がない」という関係が、オタクの社会的関係の「固有性」である。[19] そのため、もともと「イエ」という集合的な全体を指していた「オタク」という言葉を、オタクたち自身が使う。

さらに大澤によれば、オタクは、互いが類似している（と思われる）集合体に埋没している状態を求めているという。大澤はその状態を「夢のような安逸」[20] と呼んでいる。しかし、大澤が描くような、同類内での閉塞を求め、「思いがけない他者の侵入によって生じる不確定性にたじろぐ恐れ」[21] を排除する傾向は、別に「オタク」だけのものではないだろう。そうした集団を、われわれは「共同体」や「コミュニティ」と呼んできた。しかし、オタクに関わることになると、そうした〝閉鎖性〟や〝排他性〟が強調される傾向がある。同類で集まって「異質な他者」を拒否する側面が、コミュニケーション能力の低さや社会性のなさとして、問題構築されるのである。

岡田斗司夫も、オタクの世間的定義の一つとして、「オタク＝社交性のない人」[22] を挙げている。岡田がぼやくように、この定義はやはり根強いものがある。[23]

また、第2節で引用した、『おたくの本』の定義も全く同質であった。「別の価値観を持つ他者と関係性をもてる人は『おたく』とは呼ばれたりはしない」[24] と書いてあるように、〝非社交性〟こそがオタクの本質なのである。

あらためてまとめておくと、オタクイメージの中核には二つの要素がある。①〝役に立たない〟あるいは〝価値のない〟情報の収集に熱中していること、②非社交性の二点である。オタクイメージに関連して、〝ファッションに興味がない〟とか〝恋愛できない〟といったことがことさら強調されるのも、第二の特徴をよく言い表しているからだろう。

最後に、オタクイメージの暗黙の前提として、「オタク＝男性」の図式がある。言葉が広まったきっかけとなった事件の犯人が男性だったので仕方がない面もあるが、二〇〇〇年代にその図式が相対化されるまで、オタクは暗に男性オタクを指していた。

例えば、中島梓は、「昔『おタク』といわれるのは、『デブで暗くていじめられっ子で変態マンガのぎっしり入った紙袋をさげてのそのそ歩いている汗かきの男の子である』ことに直結していたりした(25)」と書いている。「脱オタク」のためのファッションガイドを謳った本は、男性向けである(26)（図4）。杉浦由美子は「腐女子」たちが「メディアに無視されてきた(27)」と指摘しているが、その理由も、「オタク＝男性」という図式が暗黙の裡に前提とされてきたからではないだろうか。

図4　オタクファッションのイメージ。3人とも男性である
（出典：レンド・プロ 編著『脱オタクファッションガイド改』オーム社、2005年、51ページ）

以後、本章ではオタク的な人々が好む対象を「オタク文化」と呼び、その背後にある暗黙の人物像を「オタク的人物像」と呼ぶことにする。現在、〝役に立たない〟とか〝価値がない〟とかいわれていたオタク文化は、十分に価値あるものになった。また、偏見とジェンダー的な偏りに満ちたオタク的人物像も、相対化されつつある。次に、その過程を簡単に追っていきたい。

4 オタク文化の価値の上昇

オタクには、①役に立たないか、あるいは価値のないものと思われている情報の収集に血道を挙げている、②コミュニケーション能力が低いという二つの構成要件があった。そして二つの要件の背後では、暗黙のうちに〝男性であること〟が前提とされていた。

しかし、一九九〇年代後半から海外での日本アニメの評価が上昇した。また、二〇〇〇年代に入ると、マンガやアニメ、ゲームなどが日本の有望な輸出産業として国家的に位置づけられた。これらの動きを通して、オタク文化自体がその価値を上昇させてきたといえるだろう。オタク文化は、もはや役に立たないものでも価値のないものでもない。[28]

その結果、オタク文化の知識は一つの資源であり、資本となった。その顕著な例として、いわゆる「萌えおこし」を挙げることができるだろう。

「萌えおこし」とは、簡単に言えば、「萌えキャラ」を使った地域活性化の手法である。最もよく知られた例として、埼玉県鷲宮町の地元商工会が同町を舞台にしたテレビアニメ『らき☆すた』（チバテレビなど、二〇〇七年）の人気に目をつけて、地域振興に利用したケースがある。[29]

報道によれば、二〇〇七年五月頃から、鷲宮神社に若い参拝客が目立つようになったという。同年七月上旬にアニメ専門誌で鷲宮神社などが『らき☆すた』の舞台として取り上げられ、参拝する人が急増した（「読売新聞」二〇〇七年八月四日付）。この現象に地元商工会が目をつけ、絵馬にアニメキャラクターを描いた携帯電話用ストラップを発売したのが始まりである（「読売新聞」二〇〇七年十一月十日付）。

右の記事によれば、「同商工会の斎藤勝会長（六六）は『伝統ある地元の桐と、アニメや携帯電話といった新しいものを融合させることで、地域発展につながればいい』と話し、今後もアニメを街おこしに活用していく考え」だとしている。その効果はてきめんだったようで、翌年正月の参拝客は「昨年（約一三万人）の二倍強」となった（「読売新聞」二〇〇八年一月九日付）。

「萌えおこし」は他にもある。例えば日本有数の温泉街である熱海は、携帯ゲーム機「ニンテンドーDS」用ソフト『ラブプラス』とのコラボレーション企画を実施し、「宿泊客が前年比四割増の旅館」もあったという（「読売新聞」二〇一〇年八月二十七日付）。

「萌えおこし」の例はさまざまである。鷲宮町や熱海の例と異なり、既存のアニメキャラを利用するのではなく、オリジナルの萌えキャラを利用する例（大阪日本橋「音々（ねおん）ちゃん」「光ちゃん」、栃木県足利市「ひめちゃん」「たまちゃん」、芦屋市商工会〔兵庫県芦屋市〕「芦屋四姉妹物語」）もある。

こうした例からもわかるように、オタク文化は地域活性化に役立つようになった。オタク文化は、地域活性化のための資本の一つにもなりうるのである。こうした現象を、筆者はオタク知識の〝オタク文化資本〟化と呼んでおきたい。

5 オタク像の修正

オタク文化の価値が上昇するとともに、背後にある「オタク的人物像」も修正されていく。「オタク的人物像」の修正を考えるとき、最初に思う浮かぶのは『電車男』である。特にテレビドラマ版の『電車男』（フジテレビ、二〇〇五年）では、従来ネガティブなものとして描かれていた「オタク的人物像」をポジティブにとらえ返そうとする意図が読み取れる。

テレビドラマ版『電車男』は、二〇〇五年七月七日から九月二十二日までCX系で十一話が放送された（この後、特別篇と完結篇が一回ずつ放送されている）。いまさら説明するまでもないが、内容は「オタク」の主人公と美人でお嬢様育ちのOLとのラブストーリーである。「オタクである」という引け目もあって女性に対して積極的になれない主人公が、電子掲示板の「住人」たちにときに叱咤され、ときに勇気づけられながら、ヒロインとの恋を成就していく。

ここで注目したいのは、その第五話「ストーカー撃退作戦」の一シーンである。ヒロインがストーカーされているのを知った主人公は、その正体を突き止め、ヒロインの危機にからくも駆けつける。そして、そこでストーカーとばったり出会ってしまう。以下、その場面での二人の会話である（［　］内は引用者、以下同）。

ストーカー　すいませんでしたぁー！
すいません…こんなことするつもりじゃなかったんです
女の人とほとんど話したことがなくて
ただ、どうやって接したらいいかわからなくて
ただ、彼女に振り向いてほしかっただけなのに
主人公　わかります、その気持ち…
ストーカー　う、嘘だ　ぼくの気持なんかだれも…
主人公　ぼくも、女性と付きあったことが一度もありません
だから、相手の気持ちが全然わからなくて
青山さん［このドラマのヒロイン］と釣り合う男になろうと背伸びしても
やっぱり釣り合わなくて
青山さんといると、楽しい分だけ、怖いんです
いつ、この幸せが消えちゃうんだろうって
［涙を流しながら、主人公をみつめるストーカー］
主人公　ほんとのぼくは、どうしようもなく情けない奴なんですよ
会社ではいつも怒鳴られるし、家族にもバカにされるし
何をやってもダメダメで
（略）

ほんとは、彼氏がいるのか聞きたいのに
答えを聞くのが怖いから聞けないし
だから、あなたの気持ちは痛いほどよくわかるんです
ぼくも、ストーカーみたいなもんです

ストーカー　それは…違います

主人公　え…

図5　『電車男』のーシーン。右が主人公で、左がストーカー

ストーカー　ぼくは、あの人を悲しませることしかできなかった
だけど、あなたは…

〔ストーカーが腰のポーチから一枚の写真を取り出す。そして、主人公に握らせるように渡す（図5）。主人公がそっと手を開くと、そこには、主人公の横で楽しそうに微笑むヒロインの顔が写っていた〕

ストーカー　これが彼女のベストショットです
ぼくもあなたみたいになりたかった

筆者の解釈では、このシーンにはオタク像の交代が象徴的に描かれている。

ストーカーと主人公は、両者とも女性との付き合いの経験に乏しく、コミュニケーションに自信をもっていない。しかし、女性への接し方は真逆である。前者（ストーカー）は、自信がないために相手の気持ちと向き合うことなく、ストーカー的な行為に走ってしまった。これに対して主人公は、それでも勇気をもってヒロインと関わっていく。その結果、彼の自信のなさは誠実さの証しとして、彼のおくてな面は女性への優しさの表れとして、ポジティブに読み替えられていく。

前者のストーカーは、連続幼女誘拐殺人事件に端を発するオタクイメージに近く、〝暗く薄気味が悪い〟人物である。しかし、主人公の方は、そのイメージをポジティブに反転させた人物像になっている。それが、新しいオタクのイメージの提示になっていると考えられるのである。

つまり、テレビドラマ版の『電車男』では、オタクである主人公は優しくて誠実な人物として描かれている。こうした長所は、従来のオタクイメージで短所とされてきた部分の裏返しだといえるだろう。

6「オタク女子」の登場

『電車男』の例でもわかるように、オタクといえば暗に男性のオタクを指していた。こうしたオタクイメージにおけるジェンダーの偏りが緩和されたのは、二〇〇〇年代中頃に「腐女子」が注目されるようになって以降だと考えられる。

腐女子への注目

「腐女子」とは、BL（ボーイズラブの省略）と呼ばれる、男性同士の恋愛を描いた作品を好む女性たちのことである。

もちろん、「腐女子」は以前から存在しただろうが、この言葉がメディアで取り上げられ始めたのは二〇〇〇年代の半ばと考えられる。杉浦由美子によれば、「一般メディアではじめて『腐女子』という言葉を使ったのは、先にも触れた、東池袋を取り上げた「AERA」二〇〇五年六月二十日号（朝日新聞社）の『萌える女オタク』という記事[30]」だという。

図６　「VOGUE NIPPON」（2009年7月号）の表紙

「腐女子」に焦点を当てたマンガや本が出版され始めたのも、二〇〇〇年代の半ば以降である。主なものを挙げると、『となりの八〇一ちゃん』（小島アジコ、宙出版、二〇〇六年）、『妄想少女オタク系』（紺條夏生、全七巻、双葉社、二〇〇六―一〇年）、『腐女子彼女。』（ぺんたぶ、エンターブレイン、二〇〇六年）、『腐女子っス！』（御徒町鳩、第一巻―第四巻、メディアワークス、二〇〇八―一一年、連載中）などがある。二〇〇七年には『妄想少女オタク系』（監督：堀禎一）、二〇〇九年には『腐女子彼女。』（監督：兼重淳）が実写映画化されている。先に紹介した杉浦の本もこの時期にあたる。

二〇〇七年の「朝日新聞」の記事では、「東京・池袋には腐女子向け同人誌を扱う店などの集まった『乙女ロード』があり、昨年あたりからこの場所や腐女子を取り上げる雑誌、バラエティー番組が目立ち始めた。『オタク男子の次は腐女子が来る、と読んで、出版の機会を狙っていた』と中江さん（腐女子を扱ったマンガ『となりの801（やおい）ちゃん』〔小島アジコ作、宙出版、全六巻、連載中〕の担当編集者・中江陽奈：引用者注）は言う」と書かれている（「朝日新聞」二〇〇七年二月二日付夕刊）。この記事にもあるように、「腐女子」という言葉がマスメディアで取り上げられるようになったのは、二〇〇〇年代半ば以降ということになるだろう。

「腐女子」への注目によって、暗に存在した「オタク＝男性」という図式は相対化されることになった。このことは重要である。オタク論は長い間、男性オタク論だった。そこには女性オタクは入っていないか、男性を語ることで包摂されているかのようなイメージだった。しかし、「腐女子」への注目によって、オタク的行動様式＝男性オタクの行動様式という図式が相対化されるに至ったのである。ここで詳しくは述べないが、「男性」オタクと「腐女子」との違いについては東園子の論考が興味深い。(31) 彼女は東浩紀の「データベース消費」に対して、腐女子たちの「相関図消費」という図式を明らかにしている。

「オタク女子」の登場

さらに二〇〇九年以降になると、ファッション誌・モード誌とオタク文化の結び付きが見られるようになる。[32]

まずはモード誌である「VOGUE NIPPON」二〇〇九年七月号（コンデナスト・パブリケーションズ、図6）が「ファッショニスタはマンガに夢中」と題した特集を掲載する。続いて、男性向けファッション誌「MEN'S NON-NO」二〇一〇年一月号（集英社）の表紙を『ONE PIECE』の主人公ルフィが飾った。さらに十代の女性向けファッション誌「Popteen」二〇一〇年五月号（角川春樹事務所）に「「萌え」と「盛り」で世界を制覇！」という記事が載る。そして、最初に紹介した「小悪魔ageha」二〇一〇年十一月号の特集へと連なる。

ファッション誌でオタク文化が取り上げられることによって、「オタク＝ダサい」というイメージは払拭されていったといっていいだろう。もちろん、ファッションに興味のないオタクはいる。しかし「オタク文化ファン＝ファッションに興味がない」というイメージは、現代では相対化されているのである。

図7　『ヲ乙女図鑑』の表紙。先に挙げた『おたくの本』の表紙（図3〔130ページ〕参照）と比べれば、そのイメージの変容は明らかである

さらに、ファッション誌ではないが、もう一つ取り上げておきたい本がある。二〇一〇年九月に出版された『ヲ乙女図鑑』[33]である（図7）。この本では女優やタレント、ライター、ＤＪといったさまざまな肩書の女性たちが自分たちのオタ

ク文化遍歴を語っていて、とても興味深い。

この本を企画した田中秀幸は、その動機を以下のように記している。

きっかけはある飲み会の席でのこと。「オタクって言われるの、抵抗あるんですけど、でも私、オタクなんですよね。」という女の子がいました。その子に対し、隣にいた男性が、「女の子なのにオタクなの?」と、問いかけたんです。そのやりとりを聞いた時、「オタク」って男性名詞だったのか? と疑問が浮かびました。そこから、じゃあ、女性用って何? と考え「ヲ乙女」を思いつきました。

「オタク」を言葉の意味として見ると、〝趣味に傾倒している人〟と、なるので男女の違いはありませんが、世間で扱われているイメージを検索すると、概ね男性を表象するものばかりが出てきます。また「オタク女子」「オタクで女の子」というタイトルが踊《（ママ）》る雑誌や書籍もあって、「オタク」=「男子」の印象は不動のものになっています。[34]

この田中の体験は、筆者の実感とも重なっている。いま阪神間の女子大に勤めているが、そこでは「オタク文化」に傾倒している女子大生はそれほど珍しくない。しかも彼女たちは、女性向けのマンガやアニメにはまっているのではなく、男性の好きそうな、いわゆる〝萌えキャラ〟にはまっていたりする。従来のオタクイメージには、そうした「女性でオタク」という人々は包摂されていなかった。

しかし、ここまで述べてきたように、ファッション誌とオタク文化が結び付き、女性とオタク文化の結び付きが公然と語られるようになり、同時に「オタク女子」が登場することになった。この「オタク女子」の登場によって、オタク的な人物像のジェンダー的な偏りが修正されることになったのである。

7　なぜ「オタク女子」は現れたのか？――「オタク女子」研究の必要性

オタクという言葉が日本社会に普及して以来、その言葉にまとわりついていたイメージがどのように相対化されてきたのかを駆け足で追ってきた。オタクという言葉の背後にあったネガティブな人物像は修正されていき、「オタク女子」の登場によってジェンダー的な偏りも修正された。

ここまで書くと、修正されたオタク像は「マンガやアニメ、ゲームなどのファン」と呼べばいいのであって、ことさらオタクという呼称にこだわる必要はないのではないかと思われるかもしれない。しかし、筆者自身はそうは考えていない。というのも、オタクは、やはり単純に「マンガやアニメ、ゲームなどのファン」と同義ではないからである。それは人物像による区別ではなく、オタク文化とは何かを考えたときの区別である。そして、その点を考えると、オタク文化と「女子」とを結び付ける接点が見えてくる。

オタク文化を語ることの難しさ

本節の主題に取り組む前にまず、オタク文化を語ることの難しさを書いておきたい。

オタク文化は現在、さまざまなメディアによって媒介されている。テレビだけでなく、ゲーム、ラジオ、書籍・雑誌、音楽、映画、ネット（「YouTube」「ニコニコ動画」、各種のSNSなど）、コンビニエンスストアなどで売られている食玩、コミケなどの二次創作のイベントなどでその表象が流布される。連続幼女誘拐殺人事件の頃はシンプルだった。マンガ、アニメ、映画（ホラー映画）くらいを取り上げていればよかったが、いまはそれだけでは全体を把握できない。

また、仮に「あるアニメに関心がある」という一点に絞っても、そのアニメへのアプローチはさまざまである。「テレビ放送を見るだけ」「グッズも買う」「物語ではなく、声優目当て」「アニソンにのみ関心がある」「コスプレのために見ている」「物語は見ていないが、フィギュアの出来がよかったので買った」などである。作品の消費の仕方も実に多様化している。連続幼女誘拐殺人事件の犯人像のように、個室でじっとモニターを見つめ、情報を集めまくるというイメージでは捉えきれない。

従来のオタク的人物像（と、それを語る言説空間）は、アニメやマンガなどのファンとしてのオタクを「知識の集積（とその応用）」という特定の消費スタイルだけに定位させてきた。これは明らかに偏っていたと言わざるをえない。オタクは一枚岩ではない。〝オタクS〟（オタクズ）と複数形で表記すべきところである。

オタク文化とは、さまざまなメディアで流布される、次に述べるようないくつかの特徴を備えた表現の領域であり、オタクとはそれらの表現を好む人々であるといえる。そうした感受性をもつ人々は共同体をなしておらず（そのために、サブカルチャー研究の方法論の適用が難しい）、その感受性をある程度引き受けた人たちが個々に点在している。

自身を「オタク」と称するあるメイド喫茶の経営者は、「僕らがなぜメイド喫茶に行ったかといえば、「オタク」だからですよ」（二〇〇五年九月十二日、筆者がおこなったインタビューから）と語った。彼の言葉が雄弁に語るように、「オタクである」という感覚はかなり身体化されたものであって、いまのところ説明のしようがない。

複雑で、個人化し、曖昧模糊としているが、何となくの同質性をもった文化を一言で表象するのは難しい。[35]だからこそ、わかりやすく、表象しやすいアイコンで代表することになる。オタク文化を特定の様式で代表しようとする点では、「萌え」も東浩紀の「データベース消費」も全く変わらない。[36]どちらも、オタク文化の特徴をわかりやすく提示し、異化しようとするとともに同化する（理解可能にする）試みである。外部からそれを記述するわれわれは、このことを自覚していなければならない。こうした事情も、オタク文化を語ることの難しさの一つである。

〝イマジナリーな未成熟さ〟――「女子」とオタク文化の接点

こうしたオタク文化ないしオタクの記述の難しさを自覚したうえで、あえて「オタク的」とは何か、どう表象できるかを考えてみたい。「オタク的」な部分を突き詰めることで、「女子」と「オタク文化」の接点がみえてくるからである。

わかりやすい例として、「オタク的マンガやアニメとは何か?」を考えてみることにしよう。例えば、『サザエさん』(フジテレビ、一九六九年―)や『クレヨンしんちゃん』(テレビ朝日、一九九二年―)といったファミリー層向けのアニメは、「オタク的」なマンガやアニメの範疇には入らない。その作品が帯びている〝家族団らんの匂い〟が、非オタク的なのである。であれば、オタク的なマンガないしアニメの特徴の一つは、その〝独身性〟にある。

また、『美味しんぼ』(花咲アキラ画、雁屋哲作、小学館、一九八三年―)や『課長島耕作』(弘兼憲史、講談社、一九八三―九二年)といった作品もまた、オタク的とは言い難い。こうした作品は〝大人っぽい〟雰囲気を漂わせているので、そこが非オタク的である。つまり、オタク的なアニメとは〝非世間性〟ともいうべき特徴をもっている。もちろん、他者との関係がないわけではないが、そこでの他者関係は〝世間〟とは違う趣きをもっている。その世間とは違う関係性の世界は、少々手あかがついた言葉だが、〝セカイ性〟と呼んでいいものかもしれない。

そうすると、オタク的アニメというのは、ある種の①独身性と②非世間性(セカイ性)の匂いを漂わせているアニメだといえる。

また、前記①②と並んで、登場人物たちが「萌え」といった言葉に代表されるような、感情的に思い入れしやすい記号的身体をもっていることも重要である。『サザエさん』や『クレヨンしんちゃん』『美味しんぼ』『課長島耕作』が「オタク的」といえないのは、実はここにも由来する。

このオタク的アニメの特徴である、①独身性と②非世間性をひっくるめて、〝イマジナリーな未成熟さ〟と呼ぶことにしよう。なぜ〝イマジナリー〟という言葉がついているかというと、それはあくまでも想像上の〝未成熟さ〟であり、現実の未成熟さとは異なっているからである。第三の特徴として挙げた記号的身体は、この〝イマジナリーな未成熟さ〟を最も雄弁に伝えるメディアである。

筆者は、この〝イマジナリーな未成熟さ〟によって包摂される表現の総体、あるいはそれに関わる商品・サービス・二次創作などをひっくるめて、「オタク文化」と呼んでいる。そして「オタク」とは、〝イマジナリーな未成熟さ〟を好む人たちのことを指す。その意味でも、単なる「アニメやマンガ、ゲームのファン」とは違うのである。

このオタク的アニメ・マンガが漂わせる〝イマジナリーな未成熟さ〟の雰囲気は、女性がいう「カワイイ」とも重なるように思われる。「カワイイ」も、オタク文化的表現が醸し出しているものも、「未成熟」という点で共通しているからである。そうであれば、二〇〇〇年代に入って女性とオタク文化との接近が起こったことも、何ら不思議ではない。

二〇〇〇年代にはオタク文化がその価値を高め、一般に承認されていった。それに伴い、オタク文化への抵抗感が少なくなる。その際に、「カワイイ」の感覚によって「女子」とオタク文化が架橋されたのである。これはあくまで筆者の着想にすぎないが、こうした過程を経て「オタク女子」が誕生したのではないかと考えられる。

オタク女子研究の必要性

私見だが、「オタク的人物像」の相対化に大きな影響力を及ぼしたのはファッション誌との結び付き、そして女性のオタクの登場だったと考えている。オリジナルなイメージのオタクは、「男性＋ダサい」だった。「女性＋ファッション」の登場は、その対極を提示することになる。そのことによって、両者の間（それはとても広い）にもオタク文化が広がっていることが、容易に想像されるのである。

であれば、次は女性のオタク、つまり「オタク女子」はどのようにして生まれてきたのか、あるいはどのように構築されたのかを追求する必要があるだろう。先に紹介した『ヲ乙女図鑑』の企画者・田中秀幸は、次のように書いている。

「ヲ乙女」を思いついてから、知人で〝オタクの女性〟たちに、オタクではなく「ヲ乙女」と言われるのはどうか？　と調査を始めました。（略）その時、オタクになったきっかけなどを合わせて聞いていたのですが、そこには男性とは違う**女性視点の物語**があることを知りました。(37)

〔強調は原文〕

先ほど書いたが、筆者はオタク的表現物が共有する共通の特徴を〝イマジナリーな未成熟さ〟と呼んでいる。そして、それは女性の「カワイイ」を求める志向と結び付きやすいと推測される。オタク文化が認知され、一般化していくにつれて、両者は必然的に結び付いたのではないだろうか。
こうした（非常に暫定的な）仮説を検証するためにも、「オタク女子の歴史」あるいは「女性から見たオタク文化の歴史」を紡ぐ作業が必要だろう。それは、一般には語られてこなかった「オタク文化の歴史」を紡ぐ作業であり、趣味のジェンダー差が崩れてきた現代で、女性の新しい体験を明らかにする作業でもある。そこには新しい結び付きであるがゆえの喜びと苦しみがあっただろうし、現在もあるにちがいない。それらを抽出し記録することが、今後のオタク（文化）研究の一つの課題だと考えている。

注

（1）「小悪魔ageha」二〇一〇年十一月号、インフォレストパブリッシング、八八―九一ページ
（2）同記事八八―八九ページ
（3）岡田斗司夫『オタクはすでに死んでいる』（新潮新書）、新潮社、二〇〇八年、一二ページ
（4）同書三六ページ
（5）同書三六ページ
（6）同書三八ページ
（7）同書一五六ページ
（8）同書一五六ページ
（9）この中森の文章はネット上で読むことができる。「『おたく』の研究」（http://www.burikko.net/people/otaku.html）［最終アクセス二〇一一年十月九日］

(10) 松谷創一郎「〈オタク問題〉の四半世紀――〈オタク〉はどのように〈問題視〉されているのか」、羽渕一代編『どこか〈問題化〉される若者たち』所収、厚星社厚生閣、二〇〇八年、一一九―一二四ページ

(11) 別冊宝島編集部『おたくの本』(別冊宝島)、JICC出版局、一九八九年、二ページ

(12) 同書二ページ

(13) 太田出版編『Mの世代――ぼくらとミヤザキ君』太田出版、一九八九年

(14) 前掲「〈オタク問題〉の四半世紀」一二八―一二九ページ

(15) 同論文一二八ページ

(16) コミックマーケット準備会「コミックマーケットとは何か?」(「コミックマーケット公式サイト」内のpdfファイル)、一九九八年、九ページ(http://www.comiket.co.jp/info-a/WhatIs.html[最終アクセス二〇一一年十月九日])

(17) 大澤真幸『電子メディア論――身体のメディア的変容』(メディア叢書)、新曜社、一九九五年、二四三―二四四ページ

(18) 同書二四四ページ

(19) 同書二六八ページ

(20) 同書二六八ページ

(21) 同書二六八ページ

(22) 前掲『オタクはすでに死んでいる』四七―四八ページ

(23) 同書四七ページ

(24) 前掲『おたくの本』二ページ

(25) 中島梓『タナトスの子供たち――過剰適応の生態学』(ちくま文庫)、筑摩書房、二〇〇五（一九九八）年、一一ページ
(26) 久世原案、晴瀬ひろき作画、トレンド・プロ制作『脱オタクファッションガイド改』オーム社、二〇〇五年
(27) 杉浦由美子『腐女子化する世界――東池袋のオタク女子たち』(中公新書ラクレ)、中央公論新社、二〇〇六年、二〇ページ
(28) この過程に関しては、拙稿（池田太臣「オタクの〝消滅〟――オタクイメージの変遷」、甲南女子大学女子学研究会編「女子学研究」vol.1、甲南女子大学女子学研究会、二〇一一年、四二―六〇ページ）を参照。
(29) 鷲宮商工会の Website を参照（http://www.wasimiya.org/）［最終アクセス二〇一一年十月九日］
(30) 前掲『腐女子化する世界』五ページ
(31) 東園子「妄想の共同体――「やおい」はなぜ恋愛を描くのか」、東浩紀／北田暁大編『思想地図』Vol.5（ＮＨＫブックス別巻）所収、二〇一〇年、二五二ページ
(32) オタク文化とファッションの結び付きについては、以下のブログが非常に参考になる。ここでの記述も、このブログに依拠するところが大きい。「Elastic ファッション、女性誌、トレンドをウォッチするブログ」（http://taf5686.269g.net/）［最終アクセス二〇一一年十月九日］
(33) 田中秀幸『ヲ乙女図鑑――ヲタクで可憐な乙女たちの過去とその世界について』壽屋、二〇一〇年
(34) 同書二ページ
(35) この難しさは、岡田も指摘している（前掲『オタクはすでに死んでいる』一一一―一一三ページ）。
(36) 東浩紀『動物化するポストモダン――オタクから見た日本社会』(講談社現代新書)、講談社、二〇

〇一年
(37) 前掲『ヲ乙女図鑑』二ページ
[補記] 本章は、池田太臣「オタクの〝消滅〟――オタクイメージの変遷」(甲南女子大学女子学研究会編「女子学研究」vol.1、二〇一一年、四二―六〇ページ)に加筆し、修正を加えたものである。

第6章　女子と鉄道趣味

信時哲郎

はじめに

「鉄子」という言葉を聞いたことがあるだろうか。鉄道好きの女性のことで、近年、この言葉をよく耳にするようになった。

発端は漫画雑誌「IKKI」（小学館）に連載された菊池直恵の『鉄子の旅』[1]のタイトルだとされているが、[2]作者の菊池は鉄道ファンではない。『鉄子の旅』は、日本国内のJRと私鉄の全駅下車を達成し、いまも新駅ができるたびに必ず訪れているという鉄道ライターの横見浩彦に菊池が付き合わされる過程を描いたノンフィクション漫画だ。横見は、「観光なんかしてる場合じゃない[3]」とばかりに沿線の観光名所や名物に目もくれず、菊池をはじめとするスタッフを「鉄」の世界に引きずり込もうとするが、期せずして毎回ドラマを生んでしまい、そのあたりが読みどころになっている（鉄道ファンは「鉄」や「鉄ちゃん」と呼ばれ、列車に乗ることを楽しみとする「乗り鉄」、鉄道写真を写すことを楽しみとする「撮り鉄」のほか、走行音にこだわる「録り鉄」〔音鉄〕や「時刻表鉄」「模型鉄」などに細分化される）。この漫画の連載は長期化し、アニメ化も実現。現在は別の漫画家による『新・鉄子の旅』[4]が連載されているほどのヒット作である。

だが、この漫画によって「鉄子」が増えたというわけでは必ずしもなさそうだ。というのも、連載とほぼ同じ頃に鉄道アイドルを自称する木村裕子や、「鉄」のマネージャーによって鉄道ファンにさせられたという豊岡真澄などが登場して支持を集めていたからである。また、鉄道写真家の矢野直美は二〇〇一年に『北海道列車の旅 全線ガイド』(5)を刊行して以来、旺盛な活動を続けていたし、〇六年にはエッセイストの酒井順子が『女子と鉄道』(6)を刊行して話題となった。息子の鉄道好きに付き合ううち、いつしか鉄道が好きになってしまったという「ママ鉄」なる語も耳にするようになった。

こうしてさまざまな方向から「鉄子」にスポットが当たった結果、女性のライターだけで書かれた『鉄子の部屋』(7)や『女子鉄』(8)のような、「鉄子」の入門書ともいうべき本も刊行されている。また、女性向け漫画の世界を見ると、イケメン駅員が登場する『トレイン☆トレイン』(9)や鉄道を擬人化した『青春《あおはる》鉄道』(10)、小田急線を舞台にしたオムニバス形式の『鉄道少女漫画』(11)といった漫画が人気になっているし、漫画・アニメ・ノベル・舞台とさまざまなメディアで展開されている「ミ

図1　菊池直恵『鉄子の旅――旅の案内人横見浩彦』第1巻（〔IKKI COMIX〕、小学館、2004年）の書影

図2　酒井順子『女子と鉄道』（光文社、2006年）の書影

ラクル☆トレイン」(ミラクル☆トレイン制作プロジェクト)のファンも多く、その舞台となった地下鉄・大江戸線には、登場人物(各駅が人格化されているので、正確には登場駅)の絵が入った車両も走ったという。これらの人気も、「鉄子」現象の一つの側面だと言っていいだろう。

本章では、「鉄子」たちがどのように生まれ、どのような性格を持っているのか、また、今後どのように展開していくかについて考えてみたい。

1 鉄道ファンのジェンダー偏差

社会学者の鵜飼正樹が、一九九七年十月に廃止された京阪京津線の最期を見届けようとやってきた鉄道ファンの姿を撮影したところ、カメラを持つ男性は延べ五百十五人だったのに対して、女性は延べ八人でしかなかったという(実数では三人)[12]。つまり、「鉄」のほとんどすべては男性だということになる。

鵜飼の調査から十五年ほどたち、「鉄子」は一般的にも認知されてきた。だが、駅のホームの端でカメラを構えている男性はよく見かけても、女性を見かけることはまずない。また、書店の鉄道関連書を集めたコーナーに「鉄」たちが群がっているのはよく見るが、このエリアで書棚から本を引き出して眺めている女性は未だに見たことがない。

酒井順子が二〇〇四年に京都大学の十一月祭で鉄道研究会を訪ねたところ、部員十五人のうち女性はゼロ。同じ年の十一月に開催された東京大学の駒場祭でも、部員三十五人のうち女性はゼロだったと書いている。[13] いくつかの大学の鉄道研究会のウェブサイトを見ても、女性の姿はほとんど見かけない。ただ、「Aera-net」の二〇一〇年五月三十日の記事によれば、大学の鉄道サークルでは最も歴史が古い慶応義塾大学鉄道研究会で、女性が代表になったとのことである。ただし、記事には「今まで女性会員はたった三人。平成の世になってからは蜂谷さん一人で、もちろん現在の会員二十四人の中で、唯一の女性」だとある。[14] 珍しいことだからこそニュースになったのだろうが、状況が少しずつ変わっていることの表れかもしれない。いのうえ・こーいちによれば、SLブームの頃（一九七〇年頃）、「大学の鉄道研究会にドッと女性部員が入ってきたことがあって」、彼が所属していた研究会では部員同士が四組も結婚したというが、大勢を変えるほどの動きにはならなかったようだ。[15]

鉄道通で知られる日本政治思想史研究家の原武史は、「全社員のうちで男性が占める割合は、JR東日本が九七・五％、阪急が九六・五％で、他の鉄道会社も軒並み九割五分を超えている（二〇〇一年現在）。これを例えば、はとバスの五五・六％、日本航空の五六・六％（同）と比較すると、鉄道会社の男女比の偏りが一層際立っている」[16] としている。原は男性性を前面に押し出した近代日本の歩みと鉄道の歩みは密接に関わっており、そこには女性が入り込む余地がなかったのではないかとするが、確かに道路網も空路もなかった明治時代の鉄道はまさに日本の大動脈で、政治や経済はもちろん、日本の国防にも深く関わっていたから、女性が参入できる余地などはなかったのだろう。

また辻泉は、戦前の軍国少年たちは戦闘機や軍艦とともに蒸気機関車に憧れをもっていたが、敗戦によって戦闘機と軍艦が姿を消したことが鉄道をクローズアップさせたのだとし、その例として「私の場合は非常に単純でして、飛行機や軍艦が好きだった少年が、戦争が終わり飛行機や軍艦を取り上げられて茫然としているときに、いつの間にか入ってきたのが鉄道でした(17)」という早稲田大学で鉄道研究会を立ち上げる際に中心となった人物の回想を紹介している。

2 男の子が「鉄」になるとき

「男の子は乗り物好きだ」とよく言われるが、教育学者の弘田陽介が紹介する「バンダイこどもアンケート」によれば、それほど単純ではないようだ(18)。二〇〇〇年六月に、雑誌、新聞、インターネット上でのアンケート付きプレゼント企画の応募ハガキからランダムに抽出された「お子様の好きな乗り物は何ですか?」という問いに対する答えは図3のような結果だったという(19)。しかし、表1の男女年代別総合結果によれば、三歳頃には男女ともに鉄道が好きだと答えているのに、女の子は五歳頃、男の子も八歳頃には鉄道から卒業してしまうらしい。

女の子と男の子を育てた筆者の経験からも、このデータには納得させられるところがある。いまは父親が鉄道について語っても冷たい目をしている小学校五年生の姉も、幼い頃には、近所の線路際につれていくと列車が行き交うのをいつまでも眺めて喜んでいたし、弟の方は、小学校に上がるくらいまで、列車を眺めるだけでなくさまざまな列車に乗りたがり、「あぁ、男の子というのは「鉄」の素質があるのだな」と思っていた。しかし、小学校二年生のいまは野球に夢中だ。二人に聞いてみると、新しい電車、きれいな電車には乗りたいと思うが、特に興味はないのだという。

自動車に比べると、おそろしく長くて大きな車輌が轟音と地響きとともに目の前を行き来し、そ

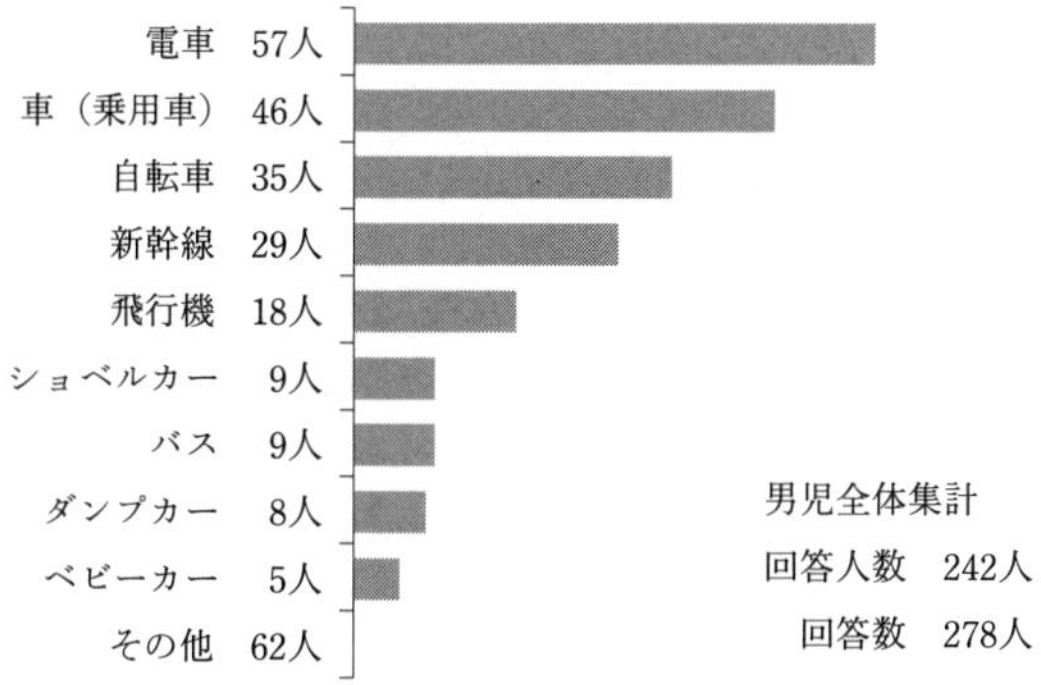

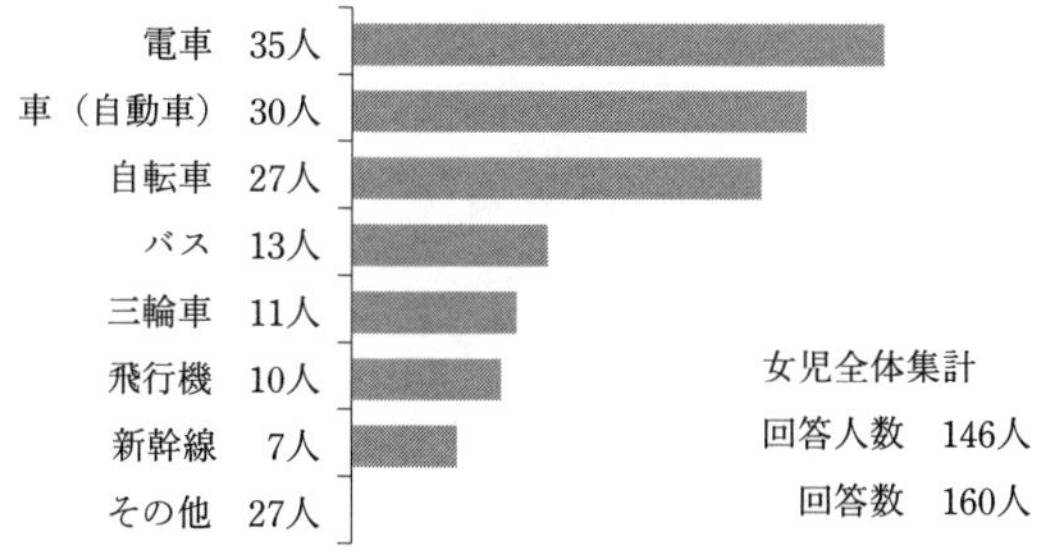

図3　子どもが好きな乗り物（男女別）
（出典：「バンダイこどもアンケート」
〔http://www.bandai.co.jp/kodomo/question61.html〕）

男児3〜5歳（回答人数89人 回答数96）		
1. 電車	22人	24.7%
2. 新幹線	13人	14.6%
3. 車（乗用車）	11人	12.4%
4. 自転車	10人	11.2%
5. 飛行機	5人	5.6%
6. バス	4人	4.5%
6. ショベルカー	4人	4.5%
6. バイク	4人	4.5%
6. 汽車	4人	4.5%
その他	19人	21.3%

鉄道　39人　43.8%

女児3〜5歳（回答人数60人 回答数73）		
1. 電車	19人	31.7%
2. 自転車	14人	23.3%
3. バス	7人	11.7%
3. 車（乗用車）	7人	11.7%
5. 三輪車	5人	8.3%
6. 飛行機	4人	6.7%
6. 新幹線	4人	6.7%
その他	13人	21.7%

鉄道　23人　38.4%

男児9〜11歳（回答人数14人 回答数14）		
1. 車（乗用車）	3人	21.4%
1. 飛行機	3人	21.4%
3. 自転車	2人	14.3%
3. 車（乗用車）	2人	14.3%
3. ショベルカー	2人	14.3%
3. マウンテンバイク	2人	14.3%
その他	4人	28.6%

鉄道　0人　0.0%

女児9〜11歳（回答人数11人 回答数11）		
1. 電車	3人	27.3%
2. 飛行機	3人	27.3%
3. 自転車	2人	18.2%
3. 車（乗用車）	2人	18.2%
その他	1人	9.1%

鉄道　3人　27.3%

（出典：前掲「バンダイこどもアンケート」）

表1　子どもが好きな乗り物（男女別・年齢別）

男児0〜2歳 （回答人数87人 回答数107）		
1. 車（乗用車）	32人	36.8%
2. 電車	24人	27.6%
3. 新幹線	6人	6.9%
4. ベビーカー	5人	5.7%
5. 飛行機	4人	4.6%
6. ダンプカー	3人	3.4%
6. ショベルカー	3人	3.4%
6. パトカー	3人	3.4%
6. バス	3人	3.4%
その他	24人	27.6%

鉄道　30人　34.5%

女児0〜2歳 （回答人数55人 回答数55）		
1. 車（乗用車）	20人	36.4%
2. 電車	10人	18.2%
3. 自転車	6人	10.9%
3. 三輪車	6人	10.9%
5. バス	3人	5.5%
6. ブランコ	2人	3.6%
その他	8人	14.5%

鉄道　10人　18.2%

男児6〜8歳 （回答人数48人 回答数57）		
1. 自転車	10人	20.8%
1. 新幹線	10人	20.8%
3. 電車	9人	18.8%
4. 車（乗用車）	7人	14.6%
5. 飛行機	6人	12.5%
6. ダンプカー	3人	6.3%
6. 船	3人	6.3%
その他	9人	18.8%

鉄道　19人　39.6%

女児6〜8歳 （回答人数18人 回答数19）		
1. 自転車	5人	27.8%
2. バス	3人	16.7%
3. 飛行機	2人	11.1%
3. キックボード	2人	11.1%
3. 一輪車	2人	11.1%
3. 電車	2人	11.1%
その他	3人	16.7%

鉄道　2人　11.1%

男児12歳〜 （回答人数4人 回答数4）		
1. 車（乗用車）	3人	75.0%
2. ジェットコースター	1人	25.0%

鉄道　0人　0.0%

女児12歳〜 （回答人数2人 回答数2）		
1. 電車	1人	50.0%
1. 車（乗用車）	1人	50.0%

鉄道　1人　50.0%

の回数も多すぎず少なすぎないところが、おそらく男女を問わずに子どもたちを鉄道に魅き付ける理由なのだろう。大きさや轟音なら、飛行機や大型船でもよさそうだが、鉄道は徒歩数分の場所で見られる「非日常」であり、それが幼い心をつかむのだろう。

鉄道とおもちゃの情報誌である「鉄道おもちゃ」編集長の武井豊も、「二歳から小学校三、四年生くらいまでは鉄道が好きですが、やがては飽きてしまいます」[20]と言っている。子どもたちの関心は鉄道から自分で運転できる自転車の楽しさに移り、やがてゲームやアニメ、あるいはスポーツやファッションなどに移っていくのだろう。

だとすれば、男の子たちが乗り物好きになるのは、一度乗り物離れをした後に父親や兄、仲間たちから吹き込まれたり、あるいは模型作りや模型遊びとの出会いから、乗り物好きの心性が「復活」という形で呼び覚まされるからだろう。つまり男の子は生物学的に乗り物に魅かれるのではなく、社会学的に魅かれるのだと言えそうだ。したがって、女の子であっても、この時期に乗り物好きの心性を「復活」させてくれるような環境にあれば、十分に自動車好きや電車好きになる可能性はあり、事実、父や兄の影響で「鉄子」の道に入った女性も少なくないようだ。

辻は敗戦と鉄道趣味の関係を論じたが、[21]SLの引退時期は鉄道ブームの時期でもあり、先にも引用したように、鉄道研究会には女子部員も多かったという。[22]このように、ファンの増減は時代に左右されるところも大きい。

例えば一八九六年（明治二十九年）生まれの宮沢賢治は鉄道ファンだったと考えられるが、[23]それは単に賢治が「銀河鉄道の夜」や「シグナルとシグナレス」といった鉄道が登場する童話を書いたからではない。賢治の青春時代は岩手県内に毛細血管のように新路線が敷設されていった時期と重なる。それまで「全県血行不良」（一九一四年一月二十五日付の「中外商業新報」見出し）といわれた状況が、この時期にみるみる近代的な場所に変わっていき、賢治はそうした躍進するイーハトーブの姿に期待をもったと思われるのである。賢治が工事現場にまで足を運び、新路線や新区間が開業するとすぐに乗りにいったことは、年譜や作品の日付などから検証できる。一九二三年の樺太への旅行も、教え子の就職を依頼する旅だと言われたり、あるいは妹トシの魂を追いかける旅だったと言われているが、宗谷本線が稚内まで延長され、樺太の大泊港への航路（稚泊航路）が開業した直後であり、おそらくこれが樺太に赴いた第一の理由だったと思われる。

筆者は一九六三年生まれだが、先述の横見浩彦は六一年生まれ、原武史は六二年生まれである。筆者の「鉄」度など彼らの足元にも及ばないが、同じ空気を吸ってきた人間だけに、彼らが鉄道に何を感じてきたかは感覚としてわかるつもりだ。蒸気機関車が消えていく一方で、新幹線は西へ北へとどんどんと伸びていき、小学校に入った頃にはディスカバージャパンのキャンペーンが始まって、国鉄主要駅に設置してあったスタンプを集めた世代である。高校時代には宮脇俊三の『時刻表二万キロ』（河出書房新社、一九七八年）や『最長片道切符の旅』（新潮社、一九七九年）に影響を受け、大学時代には「青春十八のびのびきっぷ」が生まれている。子どもの頃には、鉄道百年ということもあって、マスコミや親兄弟、友人たちの間でしばしば鉄道が話題になり、幼い頃の鉄道好きの記憶が呼び覚まされる機会も多かったことだろう。

もちろん、この世代が全員、鉄道ファンになったわけではない。またこの後の世代も、ファンになるきっかけとなるような青函トンネル開通や東北新幹線の延伸などがあったし、新しい路線や新しい車両の誕生もあった。しかし、国鉄解体、ローカル線廃止、ブルートレイン廃止といった側面はいやでも目につき、また、ゲームやアニメ、DVD、インターネットといった楽しそうなものがたくさんあるなかで、鉄道がクローズアップされる機会は相対的に低くなったのではないかと思われる。また、一家に一台の自動車が当たり前になったことも、鉄道がもっていた神通力《オーラ》ともいうべきものを減退させたと考えられる。

3 突然の鉄道ブーム

しかし、そんな時代になって、突然の鉄道ブームが訪れた。

新潮社が刊行した『日本鉄道旅行地図帳』（今尾恵介監修、〔新潮「旅」ムック〕、二〇〇八―〇九年）は、全十二巻で累計百五十万部を突破したという。そして、実業之日本社からは『鉄道の旅手帖――乗った路線をぬりつぶしてつくる自分だけの旅の記録』（二〇〇七年）、人文社から『全線全駅鉄道地図』（横見浩彦監修執筆、人文社編集部編、二〇〇八年）、学習研究社から『ぬりつぶし式鉄道地図手帖――旅の記録』（二〇〇九年）、小学館クリエイティブから『全日本鉄道旅行地図帳――全線・全駅が一冊で！』（〔小学館 green mook マップ・マガジン2〕、二〇〇九年）、昭文社から『鉄道地図帳』（梅原淳監修、〔Railway mapple〕、二〇一〇年）といったように、選ぶのに困るくらいの鉄道地図帳が出版されている。似た体裁の入門書的な内容のムック本も、講談社の『鉄道の旅』（講談社編〔講談社 mook ヴィジュアルガイド〕、二〇一〇年）、朝日新聞出版の『週刊歴史でめぐる鉄道全路線大手私鉄』（曾根悟監修、〔週刊朝日百科〕、二〇一〇年）、小学館の『隔週刊鉄道マガジン――人気列車で行こう』（二〇一〇―一一年）、ＪＴＢパブリッシングの『昭和の鉄道』（〔ＪＴＢの交通ムック〕、二〇一〇―一一年）と、こちらも挙げだせばきりがない。

また、従来からある「鉄道ピクトリアル」（鉄道図書刊行会編、鉄道図書刊行会）、「鉄道ファン」（交友社）、「鉄道ジャーナル――鉄道の将来を考える専門情報誌」（鉄道ジャーナル社→成美堂出版）、「鉄道ダイヤ情報」（交通新聞社）などの専門誌に加えて、ネコ・パブリッシングの『国鉄時代』（二〇〇五年―）や講談社の『全線・全駅・全配線』（川島令三編著、〔〈図説〉日本の鉄道〕、二〇〇九年―）などの刊行が始まった。

この他にも、交通新聞社からはビジュアルに頼らない交通新聞社新書が二〇〇九年に生まれ、すべて鉄道に関する内容の新書だけで、既に数十冊が刊行されている。講談社から刊行された『週刊昭和の「鉄道模型」をつくる』（二〇〇七―〇八年）は、毎週届くパーツを組み立てるとＮゲージのジオラマが完成するというもので、その後も『週刊鉄道模型少年時代』（二〇〇九―一一年）、『週刊ＳＬ鉄道模型』（二〇一二年―）が続いている。

ＢＳデジタル放送やケーブルテレビ、ＣＳなどの多チャンネル化によって、鉄道関連の番組も増えた。ＮＨＫ―ＢＳで関口知宏が全世界の鉄道を巡る番組がシリーズになっているのをはじめ、ＢＳフジでは『旅するハイビジョン――全国百線鉄道の旅』（二〇〇三年―）、ＢＳ日テレでは『ぐるり日本鉄道の旅』（不詳）、BS朝日では『鉄道・絶景の旅』（二〇〇九年）、BS―TBSでは『鉄道百景――乗りつくし鉄道の旅』（二〇一〇年）などがあり、この他にも、ビデオやDVD、列車の走行音だけが入ったマニアックなCDまでたくさんの鉄道モノが発売されている。

さらに、インターネットでは旅行記や旅行写真だけでなく、鉄道に関するあらゆる種類の薀蓄やデータがつまったホームページやブログが多数立ち上がり、SNSの「mixi」のコミュニティや「Facebook」「Twitter」などによる情報交換も頻繁におこなわれており、従来の鉄道雑誌や鉄道関連書、情報交換の場としての鉄道サークルの存在さえ脅かすような勢いがある。

さいたま市にある鉄道博物館の開館や名古屋市にできたリニア・鉄道館も人気を博していて、マニアはもちろん家族連れも多く訪れているようだ。

また、秘境駅ツアーなどといった企画もあるようで、沿線に住民が住んでいないどころか、アクセスする道もないような駅を巡るツアーが人気を博しているらしい。金銭的・時間的に余裕がある団塊の世代あたりがターゲットなのだろう。

鈴木伸子は或る日曜日に、駅の改札が工場の入り口になっていて社員以外は改札を出られないというJR鶴見線の海芝浦駅に向ったところ、「座席がほぼ埋まるほど車内はにぎわっている。これが明らかに工場労働者の乗客ではなく、ベビーカーを押した親子連れ、町歩きツアーの中高年グループ、素朴な感じの彼と彼女のカップルなどだ(24)」ったと報告している。

二〇一一年一月に甲南女子大学で、筆者担当の授業（「マンガ文化史」）の受講生百七人に「つぎのなかに乗車してみたい路線や列車、訪ねてみたい駅などがあれば〇をつけてください。実現の可否や費用は無視してください。（複数回答OK）」としてアンケートをおこなったところ、次のような結果となった。

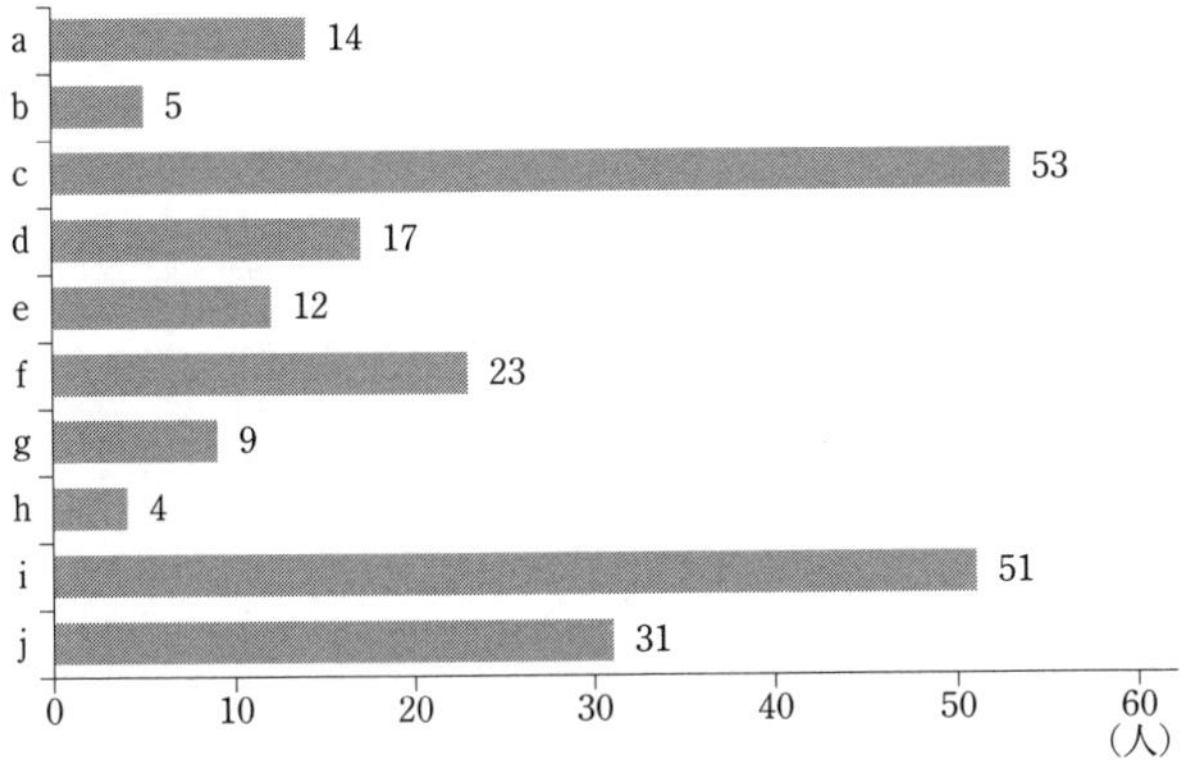

図4　甲南女子大学でのアンケート（2011年1月）

a　二〇一一年三月開業の九州新幹線に乗車
b　大阪環状線一周ツアー
c　大阪発札幌行きの豪華寝台特急「トワイライトエクスプレス」に乗車
d　車内に石炭ストーブのある津軽鉄道に乗車
e　JR最長片道切符一万千百四十七キロの旅
f　日本三大車窓を訪ねる旅
g　駅の改札が会社の入り口になっているので従業員以外が乗車できない海芝浦駅訪問
h　JR全駅四千五百八十七の訪問
i　人気ナンバーワンの駅弁（函館本線・森駅のいかめし）を現地で食べる旅
j　現役で走る蒸気機関車に乗車

cのトワイライトエクスプレスやiのいかめし、jの蒸気機関車については、旅行、グルメ、アミューズメントパークの感覚で興味を示したものと思われる。だが一方で、少数とはいうものの、eの最長片道切符やgの海芝浦駅、hのJR全駅訪問などのマニアックな旅に興味をもつ学生がいたことは、鉄道趣味の普及を意味するのではないだろうか。

二〇〇五年に野村総合研究所が発行した『オタク市場の研究』によれば、鉄道オタクの人口はアンケート調査結果から割り出した結果二万人で、市場規模は四十億円なのだという。[25] どこまでをファンなりオタクなりとしてカウントするかという問題はあるにせよ（乗車回数？　鉄道関係の出費？　鉄道趣味に費やす時間？）、いささか少なく見積もりすぎているようで、青木栄一は、〇一年の段階で「現在の日本の鉄道趣味人口は少なくとも十数万人以上はいるのではないかと思う[26]」と書いている。代表的な鉄道趣味誌である「鉄道ファン」の売り上げは二十万部を超えているというから、もともとのファンが十数万人いたところに、にわかファンも加わり、『日本鉄道旅行地図帳』などの売り上げや秘境駅ツアーの参加者を増やしているということなのだろう。

もちろんブームというべき状況になっているのは確かだとしても、どこかの出版社の企画がヒットすれば、似たような便乗企画が出てくるのは昨今の出版界ではよくあることで、必ずしも鉄道本のすべてが好調に売れているわけではないだろうし、これらの本の売り上げがそのまま「鉄」の増加を示しているわけでもないだろう。テレビ番組にしても、どこかがヒットを飛ばせば、すぐに他局が真似る傾向は、近年になってことに顕著になっている。したがって、こうした点に関しては冷静に考える必要があるだろう。

一橋大学鉄道研究会が二〇一〇年九月にインターネットでおこなった鉄道ファンの実態調査によ

れば、回答した六十人のうち、鉄道ブームが起きていると答えた者が三十人、起きているとは思わないと答えた者が二十九人（わからない一人）という微妙な結果が出ている。(27)鉄道が取り上げられる機会は確かに多くなったが、ファンともいえない初心者が増えただけで、大勢に影響はないということなのかもしれない。

4　鉄道ブームがなぜ起きたか

一橋大学鉄道研究会は、現在の鉄道ブームについて「『鉄道ファン』という語への意識の変化」「かつてのファンの回帰」「ライトな層の参入」の三つに大別して説明している。(28)

「『鉄道ファン』という語への意識の変化」は、図2の類型1にあるように、ブーム以前は自分が鉄道ファンであるとは自覚していなかったが、ブームによって「この程度ではファンを名乗れない」「ファンであると名乗ることによる世間の目が気になる」という障壁が取り除かれ、閾値が低下することによって、自分が鉄道ファンだと名乗る場合である。

「かつてのファンの回帰」は、図5の類型2のように、多くの鉄道関連本の出版や鉄道博物館の開館などによって、かつての興味が再燃し、閾値を突破するという場合である。

「ライトな層の参入」は、前記の二類型の合わせ技でファンの水準に達するものだ。

すべてがこれで説明できるわけではないだろうが、説得力のある分析であると思う。

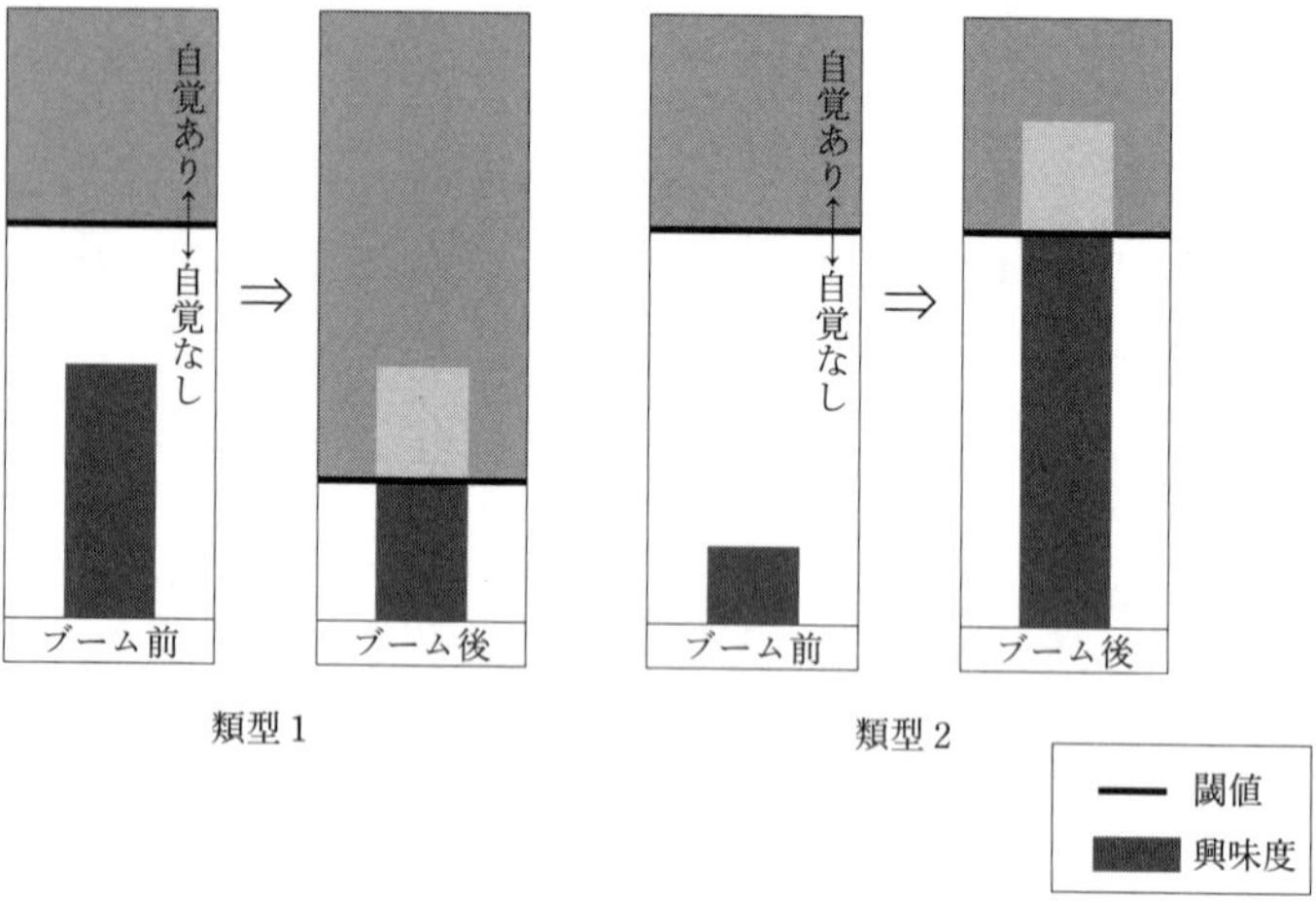

図5　左が「「鉄道ファン」という語への意識の変化」(類型1)、「かつてのファンの回帰」(類型2)
(出典:「「鉄道趣味」を旅する。――二〇一〇年度一橋祭研究」一橋大学鉄道研究会、2010年)

実は筆者は、この論考の存在を知らずに、鉄道ファンの増加について重なる部分の多い文章[29]を書いたことがあり、そこではオタク文化の興亡からこの現象を説明した。

岡田斗司夫はかつてオタキングを名乗り、『オタク学入門』[30]などの著書を出版したが、オタクを「子供っぽい趣味を選び、それに関して、精神力と知性でもって世間の目に対抗していく存在[31]」だと定義した。これは鉄道趣味人たちにもいえることで、オタク第一世代(岡田、庵野秀明、竹熊健太郎、大塚英志ら)とほぼ同じ年代の鉄道マニアたち(横見浩彦ら)も、大学紛争の後、レジャーランドともいわれたキャンパスで同世代の学生たちがテニス・サークルやスキー・サークルで青春を謳歌している一方で、女性との関わりもなく、人々に後ろ指をさされながら黙々と我が道を究めようとしていたのだろう。

しかし、岡田は二〇〇八年に『オタクはすでに死んでいる』を著し、もはやオタクは死んだと書いた。岡田によれば、かつてのオタクにはプライドや矜持、義務感といったものがあったが、現在では「オタクから完全に、誇りやプライドや自信というものがなくなった。あるのは「萌え」に代表される快楽原則です」[32]とし、彼らにとって「一番大切なのは自分が萌えるかどうか。だから、オタクとしての必須教養なんか知らないよ、という主義」[33]がはびこることになったのだという。

こうして、誰もが簡単に、無責任に、ソフトなオタクになれる時代が到来したわけだが、「鉄」も同じで、やはり必須教養も知らず、プライドも矜持も義務感もないのに、自らの趣味を恥ずかしがることなく、ソフトに鉄道にこだわることができる時代になったのだろう。岡田斗司夫や横見浩彦らが命を懸けて得た知識やノウハウを入門書や入門誌、ＤＶＤやテレビ番組から簡単に入手し、「快楽原則」に従って自分の好きな部分を好きなだけつまみ食いし、それで一人前に「鉄」を主張しているということだろう。

旧世代からの批判めいた言い方になっているが、誰が悪いというわけではない。「そういう時代であるからそうなった」というまでである。

5 「鉄子」の性格

こうして、ライトに鉄道趣味を語ることができるようになったなかに女性たちも多く含まれていたというのが、一橋大学鉄道研究会、および筆者が考える「鉄子」が増加した理由である。(34)酒井順子は、『女子と鉄道』の「あとがき」で、次のように書いている。(35)

自らこの本の原稿を読んでいると、「ついうとうと」とか「睡魔に襲われ」とか「意識を失う」とか、とにかく私は鉄道の中で寝まくっているのですが、鉄道に乗った時の「安全地帯まで逃げ込んだ」という感覚が、私をそうさせているのでしょう。(略)

こんな乗り方は、男性の真性鉄道ファンの皆さんからしたら、邪道なのかもしれません。実際私は、いくら鉄道に乗っても、固有名詞やダイヤグラムの仕組みなど全く覚えられませんし、駅弁はあまり好きじゃないし(おかずが甘いから)、鉄道雑誌も買っていない。

しかし、これが私の乗り方なのです。男性の鉄道ファンとは全く違う愛好の仕方ではありますが、やはり男には男の乗り方、女には女の乗り方があるのが、鉄の道だと思う。

このように、「鉄子」を自称する女性たちの鉄道に対する思い入れは一様にライトである。鉄道写真家として有名な矢野直美の『鉄子の旅写真日記』[36]を見ると、本文に百七十二枚の写真が挿入されているが、鉄道が写っているものは車窓からの写真を含めて五十九枚で、とても鉄道写真の本とはいえない。「駅弁の女王」を自称する小林しのぶは、『ニッポン駅弁大全』[37]ほか多くの駅弁本を出し、荷宮和子も『食べテツの女』[38]を出しているが、鉄道への愛や執着といったものは特に感じられない。もちろん駅弁好きの男性もいるはずだが、横見浩彦が『鉄子の旅』第一集で「ちゃんと駅弁食べるなんて初めてじゃないかな…」[39]と語っているのとは対照的だ（もちろん横見の言動がすべて漫画どおりであったとはかぎらない）。

つまり、男性の「鉄」にとって鉄道はコンテンツであるのに対し、「鉄子」にとってはメディアの側面が強いということだろう。女性にはケータイやパソコンそのもののマニアは少ないようだが、ケータイやパソコンを使ってさまざまな情報に触れることは好きだというのに似ているように思う。

女子鉄（＝鉄子）を自称する人たちによる『女子鉄』では、横見も交えた討論会で次のように語られている。[40]

あねご　女子は、社会的な部分までは捨ててないと。人生すべて鉄に賭けてはいない。

かもめ　そう、非鉄の人ともそれなりに会話できるし。気遣ってうまく和を保とうとする、女性ならではの習性があるでしょ。例えば、〝六本木ヒルズにおいしいお店があるから行かない？〟って誘われたら、女子は普通に行けると思うの。

あねご　〝切符買うから行かない〟とか言わないよね（笑）。

かもめ　でも男子鉄だったら、〝何でわざわざそんなところ行くんだ〟とか、〝スパゲッティなんてファミレスでも同じじゃん〟とか言いそう。

横見　同じだよ……（小声）。

かもめ　そういう、モテ系の女の子のやることに対しても、女子鉄はそれなりの理解はあるんです。でも、男子鉄は自分の価値観を深く追求してるっていうか、むしろもうほかのことなんて顧みないような感じがする。女の子は広く浅くだけど、男の人は狭く深くっていう感じで。

あねご　女子は何ごとも感情から入るんだよね、電車に乗る理由にしても、〝かわいい☆〟とか〝きれい☆〟とか、〝○○に似てる！〟とか。でも男子の場合は突き詰めて、データにしちゃったりする。

かもめ　学問的なアプローチね、理系アプローチ。

あねご　女子はそこまで細かく考えなくとも、〝きれいでかわいいから乗りたいな〟くらいでいいんだよね。

女子鉄（＝鉄子）にもさまざまな人がいると思うが、彼女たちの本や文章を読むかぎり、およそこのあたりが最大公約数になるのではないだろうか。

一橋大学鉄道研究会は、ライトな男性鉄道ファンはコアな男性鉄道ファンが多数存在するために目立たないが、女性の鉄道ファンならたとえライトであっても希少価値から「鉄子」扱いされ、また、コアな鉄道ファンたちも女性の参入を歓迎していることから、ハードルが低いままでファンを名乗ることが許されているのだという。(41)同会の女性会員による実体験をふまえての分析だが、そのとおりだと思う。

酒井順子の『女子と鉄道』に対するアマゾンのブックレビューは総合評価で四つ星となっている。なかには「単に目立ちたいから、鉄道趣味を気取ってるだけでしょう」と一つ星しか与えていないものもあるが、おおむね好意的だ。

鉄分の高い趣味人が読んでも結構笑える。中でも新幹線の顔の分類は、なるほどと思わせる。詳しくは本を読んでください。この本がきっかけになって鉄道趣味に幅広い市民権が与えられることを期待したい。

（五つ星評価）鉄・kazu、二〇〇六年十二月四日

車窓からの眺めを何よりも楽しみにする私からすれば、車中で眠りこけるというのはなかなか信じ難い（でもまあ、睡魔に襲われたときには必死に抵抗する私のほうが、行動としてはアホかも知れぬ）。

乗りつぶしのようなマニアックな行為だけでなく、駅弁などにもあまり興味を示さない一方で、それ目的に行かないと普通は乗るはずもない韓国の嶺東線に乗った経験もさらっと書いている など、別の面でのマニアぶりはなかなかどうして大したもの。「鉄ヲタ」といわれる人が通常とりそうな行動とのギャップを楽しむように読めば、この本は鉄道の楽しみ方を広げてくれる

かも。

（五つ星評価）青ち、二〇一〇年四月八日

しかし、「女子鉄」って男と違う。「列車に乗ったらすぐに眠りに落ちる」って、それはないでしょう。列車に乗ったら、列車内（特に運転席と車両連結部）を隅々まで探検し、車窓の景色や駅弁を楽しむのが普通の「鉄」。だが著者は列車に対して、全てを委ねられる母性を感じている様だ。始発駅で乗ったら、黙っていても目的地に連れて行ってくれる安心出来る乗り物。「列車内＝母胎」のイメージだ。男には無い発想で、著者に対しても温もりと母性を感じた。また、女性専用車両や痴漢について論じている点はやはり女性らしい。これも、愛する列車に不快を感じる事なく、安心して乗りたいとの思いだろう。

（四つ星評価）紫陽花〝玲瓏〟、二〇一〇年七月二日

コメントしているのは、おそらくすべて男性で、鉄分も高い人だと思われるが、自分たちの盲点に鋭く切り込む姿勢に好意的で、それは女性の参入を心待ちにしていたためでもあるように思われる。

横見も『鉄子の旅』第一集の第一話で、「鉄道好きな女の人増えるかな？　それで僕のファンとかできちゃって、かわいい女の子と知り合えたりできるかな？」[42]と出版社のスタッフに打ち明け、第二話では鉄道界のアイドル、レールクイーンに言及する。鉄道アイドルとして活躍した木村裕子

も、横見浩彦の助言を受けて活動を始めたのだという。(43)

ＪＴＢも「鉄旅ガールズプロジェクト」を始めたが、旅行会社が若い女性たちを鉄道趣味に取り込もうと必死になるのは当然だろう。ターゲットが倍増するだけでなく、「鉄子」ならば、男性の「鉄」と違って駅で寝泊りすることもないだろうし、駅弁にも土産《みやげ》にも興味を示してくれると思われるからだ。

6　鉄道をコンテンツとする女性たち

「鉄子」の発生には社会的な背景もあったと思う。その第一に挙げたいのは、鉄道に直接関わる女性が増えたことである。

いわゆる鉄子本とは異なるが、新幹線の車内販売で売り上げトップになった徳渕真利子の『新幹線ガール』(44)や矢野直美の『ダイヤに輝く鉄おとめ』(45)といった、女性の視点から鉄道事業を見つめた成果が出始めている。彼女たちも鉄道に愛着はあるだろうが、いわゆる「鉄子」とはアプローチが違う。彼女たちは、鉄道をメディアではなくコンテンツだと捉えており、その意味で男性の「鉄」と同じくらい真剣に鉄道に向き合っている。

二〇一二年一月に確認したＪＲ東日本のウェブサイト(46)によれば、社員数五万九千六百五十人のうち女性社員は約四千四百人（七・四パーセント）で、女性管理職も徐々に増えているという。〇一年の段階でJR東日本には女性社員が二・五パーセントしかおらず、他の鉄道会社でも五パーセント程度でしかなかった状況から、かなり変化している。

国鉄時代は、男性中心だったうえに親方日の丸的な体質もあって、女性からの支持を得るのはとても困難だったと思う。例えば酒井順子はJRの寝台列車に乗って、「個室ではなく、カーテン一枚で仕切られた寝台」であることに驚いている。[47] 経費や構造の問題もあっただろうし、一人旅をする女性の数もブルートレインの全盛時代には少なかっただろう。ただ、二十一世紀になってもこの感覚では、利用者が減るのは当たり前だ。寝台列車の減少を地方空港の建設や深夜バス網の拡充のせいにしてしまうとしたら、責任転嫁だと言わざるをえない。車内や駅構内で三人の女性が被害に遭った滋賀の連続強姦事件（二〇〇六年八月・十二月）は記憶に生々しいが、事件を覚えている女性たちがカーテン一枚の寝台で安眠できるはずはない。

酒井は、「女性は夜行に乗らないから女性用設備は不要なのではなく、快適な居住性とおいしい食事があれば、何時間の旅であろうと女性も乗る。現在、一部の寝台車には女性専用の化粧室があるそうですが、これからもし新たなタイプの寝台車が生まれるとしたら、女性向けの対応は無視できない部分となるでしょう。というより、その辺さえ考えていただければ、寝台の未来は暗くはないのではないか」[48]と指摘しているが、もっともだと思う。

最近のJRが放ったヒットの一つに、駅構内に商業スペースを導入する駅ナカのプロジェクトがある。推進したのはJR東日本の鎌田由美子（事業創造本部地域活性化部門部長、二〇一一年十二月現在）で、「改札のなかで買い物ができたら」という女性たちの声ならぬ声を男性社員たちは聞き取ることができなかったということだろう。

藤沢駅のホームには電車型のキオスクがある。横見浩彦には「男にしてみれば、「あ、そんなのあるの」くらいですよ」と言われる存在だが、[49]女子鉄たちには圧倒的に支持され、「キオスク見るためだけに行かなきゃ」と言わせている。[50]また、和歌山電鉄は貴志駅長を三毛猫たまに務めさせ、いちご電車やおもちゃ電車、たま電車といったユニークな電車を走らせており、二〇一一年には日本鉄道賞表彰委員会「ローカル線客招きアイデア賞」を受賞した。これらのアイデアが女性スタッフによるものかどうかはわからないが、鉄道会社がないがしろにしてきた「女」「子ども」の視点を積極的に取り入れた結果であることは間違いないだろう。

いずれにせよ、客という立場からではなく、社員の立場から鉄道業界を見直し、女性の視点から鉄道を点検・改良していったことが、今日の鉄道ブームにつながった側面はあったと思う。こうした女性たちが今後とも活躍していけば、「鉄子」はさらに増加が見込めるのではないだろうか。キャビン・アテンダントはいまもなお、女性たちの憧れの職業でありつづけているようだが、鉄道会社勤務が女性の憧れとなる日がくるかもしれない。

7「早・高・外・新・形・都」から「遅・安・内・古・心・舎」へ

「鉄子」の発生を促したのではないかと思われるもう一つの理由は、最近の女性たちの趣味志向の変化である。

三浦展は『愛国消費』のなかで、若い世代を中心に、いま日本ブームというべき状況にあることを指摘している。(51) ＮＨＫ放送文化研究所の「日本人の意識」調査によると、二十—二十四歳層で、「日本に生まれてよかった」と思う人の割合は、一九七三年には八二パーセントだったが、二〇〇八年には九八パーセントに達していて、いまでは全年齢の平均値よりも高くなっているという。また、内閣府の「社会意識に関する世論調査」によれば、二十—二十九歳男性で国を愛する気持ちが「非常に強い」または「どちらかと言えば強い」と答えた人は、二〇〇〇年の二二・一パーセントから一〇年には三七・三パーセントに上昇しており、三十—三十九歳女性でも二三・七パーセントから三三・八パーセントへと大幅に上昇している。

こうしたデータを見ると、若い世代で右傾化が始まっているのかと思う人もいるだろう。だが三浦によれば、「政治的な意味での日本好きではなく、豊かで文化的で美しい生活のできる国としての日本が好まれている」(52) ということのようだ。それは例えば、表2をみればわかるように花火や初もうで、花見、浴衣への愛着であって、「祝日に日の丸を飾る」といった国家意識の高まりなどとは直結していないことからも明らかだろう、と三浦は書いている。

筆者が所属する日本語日本文化学科でも、学生たちの日本語や日本文化に対する興味が特に強くなったとは思わないが、着物を自分で着られるようにと始めた「南女なでしこ講座」が予想をはるかに上回る人気を保っていることを考えると、三浦の言は納得できるところがある。

筆者の大学時代と現在の学生とを比較してみても、同様のことがいえる。かつては欧米への憧れ

表2　「現代最新女性調査」

	花火を見に行く	初もうでに行く	花見をする	浴衣を着る	初もうで以外に神社でお参りをする	お正月にしめ飾りを飾る
20〜24歳	57.3%	57.1%	49.6%	38.3%	24.6%	18.8%
25〜29歳	60.0%	59.0%	56.5%	35.7%	27.2%	23.4%
30〜34歳	59.9%	65.9%	55.1%	25.6%	30.4%	26.8%
35〜39歳	52.8%	64.1%	50.6%	16.4%	28.9%	28.4%

	風呂敷を使う	端午の節句に鯉のぼりや人形を飾る	お正月などに着物を着る	夏に提灯を飾る	祝日に日の丸を飾る
20〜24歳	8.9%	5.8%	5.3%	1.9%	0.9%
25〜29歳	9.9%	6.3%	4.3%	2.4%	0.0%
30〜34歳	11.6%	14.5%	2.9%	14.0%	0.0%
35〜39歳	15.7%	20.0%	2.4%	1.7%	0.2%

（出典：カルチャースタディーズ研究所「現代最新女性調査（2010年）」、三浦展『愛国消費――欲しいのは日本文化と日本への誇り』所収、徳間書店、2010年、50ページ、一部改変）

から洋楽や洋画が好まれ、卒業旅行も欧米諸国があたりまえのようになっていたが、今の学生はＪ-ＰＯＰと邦画（あるいは韓流？）にしか興味がなさそうだし、買い物やグルメ、美容でアジア諸国に行くことはあっても、欧米への海外旅行は憧れの対象ではなくなっているようだ。総合商社でさえ海外勤務を希望する社員が減っているというし、海外へ留学する者も少なくなっているという。若い世代が熱中する漫画やアニメのほとんどが日本発であることも、内向き志向に関係しているのかもしれない。

三浦は日本好きの若い世代が増えていることについて、背景には「大きな物語」を求める心理があるのではないかとして、「グローバリゼーションという抗い難い巨大な力が支配し始めた状況の中で、われわれはもっと親密で、相互に信頼しあえる関係を求め始めた。そのとき、その親密性と信頼の基礎となるものとして、再び日本的なものが評価され始めていると考えられるのではないだろうか[53]」と述べる。つまり、バラバラになった人と人を結び付けるものとして「日本」が求められ、また、より具体的に日本を感じるために、①神社やお寺にお参りすること、②日本各地の伝統工芸を見直すこと、③地方の農村風景を見直すこと、④地方の街や農村を舞台とした現代アートを重視すること、などが注目されるようになったのではないかという。

　こうした伝統や地方を大切にする志向が折からのエコロジーなどと結び付き、そこに最近の女性たちの関心は移っていったのではないだろうか。

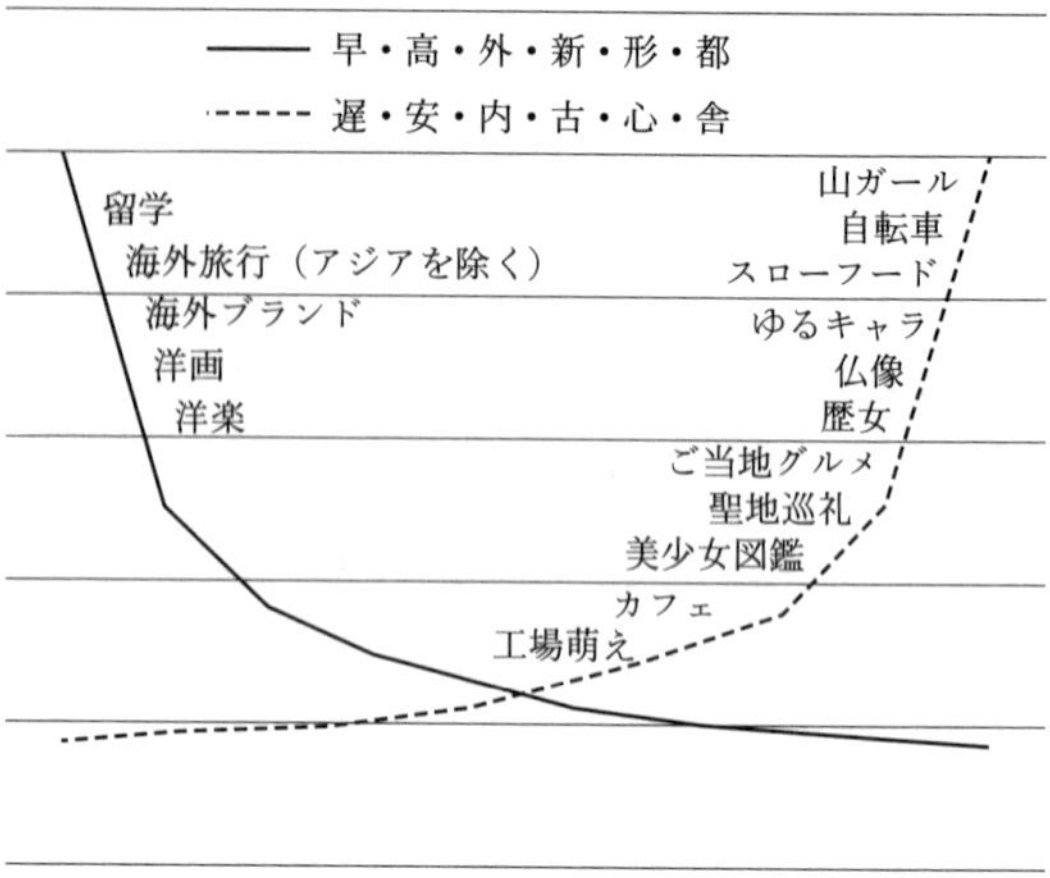

図6　近年のブーム

　近年のブームを思い付くままに並べてみたのが図6である。かつては早いもの、高価なもの、外国のもの、新しいもの、洗練された形（デザイン）、都会性といったものをむやみにありがたがっていたが、いまや、これにあてはまる流行はなかなか見つからない。逆に、そうした傾向とは反対の方向性をもつ遅いもの（スロー）、安価なもの、国内のもの、古いもの（レトロ）、心のこもった

もの、田舎のものが求められているように思う。(54)

ケータイを片手にパソコンを駆使して生きていても、その向こうに期待しているのは、ほっこりしたぬくもりや仲間たちとのつながりである。あちこちで開催されるよさこいソーラン節、ご当地B級グルメ、ゆるキャラによる町おこし、漫画やアニメの舞台を訪ねる聖地巡礼、種々の地域ボランティア活動などがしばしば地方ニュースなどで話題になるが、参加者は決してマスコミのあおりや商業主義に踊らされているだけではなく、みんな、かなり真剣に真面目にイベントと向き合っているように見える。ただ、上の世代に属する筆者などからすると、深入りしすぎない彼らのスマートさがいささか不可解に思えたりもするのも事実で、それが岡田の「オタクは死んだ」という言葉にもなるのだろう。

こうした趣味志向のなかに、日本の風景を愛で、近現代の歴史や文化をたどり、人々の日常生活を愛おしむといった心理につながりやすい鉄道ブームを置いてみると、しっくりするように思うのだが、いかがだろうか。先述の女子大生アンケートでも、ＳＬに乗りたいと思う学生の数は、新しく開業する九州新幹線に乗りたいと思う学生の二倍強だった。若い人々の趣味志向は、ここにも象徴的に表れているのではないだろうか。

8　あなどれない女子の力①――新しい女性たち

このように、内外からの改革圧力によって鉄道は明らかに変質しつつあり、女性でも安心できるもの、女性からも愛されるものに徐々に変わりつつある。また、グローバル時代を迎えて国内の伝統や文化が見直されていることを思えば、「鉄子」をめぐる状況がさらに変化する可能性も考えられる。

もちろん、「鉄子」ブームなどは、マスコミや出版社、旅行会社が盛り上げようとしたものではないかという意見もあるだろう。また、「ママ鉄」について、「鉄道おもちゃ」編集長の武井豊は、子どもの関心が鉄道から離れると、そのまま戻ってこないことが多いと語っているのも重要な指摘だろう。[55]さらに横見浩彦は、「鉄子」たちの鉄道についての知識や愛が薄いことについて、「本っ当ぬるいです」[56]とも語っていた。

しかし、それでも女子の力はあなどれないと思う。思いもよらないところでパワーが発揮されることがあるからだ。

例えば、男性から女性になった人たち、あるいは女性の心をもった男性たちについて書いておきたい。

「mixi」のコミュニティに「女子鉄道部♪」があるが、プロフィールを見ると、たくさんの〈女性〉が参加している。ただ、メンバーが共通して属するコミュニティに「★女装が大好き★」「女装子限定☆綺麗になろ♪」「日下部みどり子」（女装家の鉄道ライター）などが並んでいることからもわかるように、「女子鉄道部♪」には心の性別が女性である人や新しく女性になった人が多く集まっているようだ。どうも鉄道ファンのなかには、こうした〈新しい女性たち〉が多いようなのである（証明するのはむずかしいが）。

酒井順子は山陰本線の餘部《あまるべ》駅で女装者に出会ったことを記し(57)、原武史もこの傾向に関心をもち、「車が好きな男性は、高級車を所有することで、いい女を助手席に座らせたい野望をもっている。そこでは車が、男のギラギラした権力欲を満たすための手段となっている。ところが、最初から権力欲とは無縁でなければ、鉄道マニアにはなれない。鉄道マニアとは、もともと〈男らしくない男性〉の集団なのである(58)」と書いている。ＪＲ線の完全乗車、全駅降車、切符や模型のコレクション、撮影場所取りをめぐる争いなどといえば、どう考えても男性的支配欲・所有欲の表れのように思えるが、鉄道そのものを所有することなどできないので、すでに出発点でその支配・所有はかなえられないことが明白なのである。つまり鉄道ファンとは、鵜飼正樹の言うように、「〔華奢な体系の男性が多いという鵜飼の観察結果から：引用者注〕外見的な「男らしさ」と鉄道という対象のもつ「男らしさ」から二重に疎外されつつも、なおも「男らしさ」をめぐって競い合っている男たち(59)」なのかもしれない。

〝だから〟と言うと短絡的すぎるかもしれないが、自分の恋愛対象が男なのか女のかもわからないまま、初めて就職した会社では男性としてネクタイを締めて通勤し、その後はＯＬとして勤務した経歴をもつ能町みね子による鉄道エッセイなどは、まさに男性原理と女性原理の中間ともいうべき視点で書かれていて、そのために男性読者からも女性読者からも支持できるものになっているように思う。

能町は、自分の経歴について触れずに、あくまで一人の女性ライターとして『うっかり鉄道——おんなふたり、ローカル線めぐり旅[60]』を書いているが、「能町的テツのツボ」は次のとおりである。

1 車輛よりも駅や駅舎。駅看板とか改札口とか、かわいいポイント多数！

2 特に、お金をかけて改装したりしていない、ローカルな私鉄無人駅にかわいいポイント多し！

3 車輛も駅舎も古いほど素朴で味があってよし！

4 でも、レトロ調は苦手！

5 速いのも苦手。新幹線より、特急より、できるだけ各駅停車！

6 乗ることばかりが楽しみではない。駅の周りを観察したり、駅から駅まで歩いてみたりという楽しみも大事！

7 乗っているときは普通に風景を楽しむけど、いっそのことほかの乗客まで楽しむ。特に地元の高校生の会話がツボ！

8 大きな駅でも、秘境すぎる駅でもなく、田舎にある素朴な駅にちょっとした発見があったり！

9　記念スタンプよりも、記念に切符を買っていく！
10　洗練された都会ではない、意外なところでオシャレカフェを見つけるとなんかうれしい（テツと関係ないけど）！

能町と編集者のイノキンは静岡県の岳南鉄道に乗り、廃電車の向こうに工場と富士山が見える途中駅・比奈で下車するが、そこにローカル・オシャレカフェ比奈カフェがあることに感動する。また、「平成22年2月22日22時22分」の切符を手にするために京葉線の二俣新町に向かうが、同じことを考えていたライバルが他に十一人もいたことを報告し、さらに、玄関が江ノ電の線路の方を向いて立っている「危険な家」を探して、危険度にランキングをつけてもいる。ガチガチの鉄道知識を披露するわけではなく、かといって、「鉄道」という字をタイトルに含める必要があるのかと疑うようなゆるさもない。ここには男でも女でもなく、また男でも女でもある視点があり、鉄道の新しい楽しみ方を見せてくれているように思う（その意味で、「鉄」の横見と「鉄子」ではない女性漫画家による旅行記である『鉄子の旅』も、性別を問わずに楽しめる傑作だと思う）。

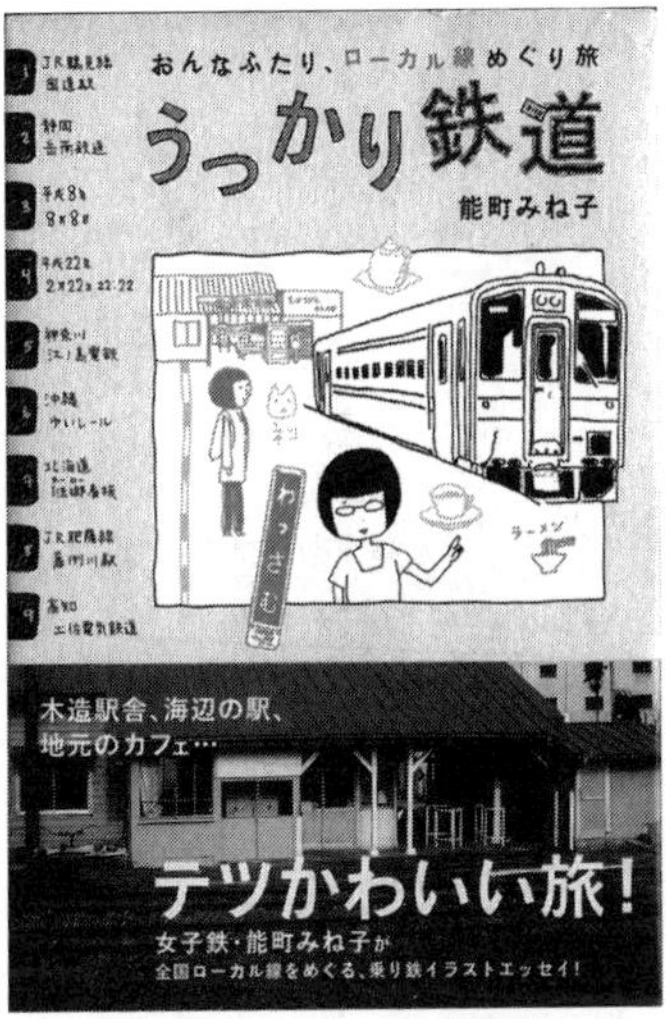

図７　能町みね子『うっかり鉄道――おんなふたり、ローカル線めぐり旅』（メディアファクトリー、2010年）の書影

そもそも、こうした〈新しい女性たち〉の視点は、男性からだけでなく、女性からの支持も多く集める傾向があるように思う。厳密にセクシャリティーを問わないまま列挙すれば、おすぎとピーコ、美川憲一、尾木ママ、ＩＫＫＯ、マツコ・デラックス、ミッツ・マングローブといった人々が毎日どこかのメディアに登場しているが、彼（彼女）らが決して物珍しさだけで人気を博しているわけではないことは説明するまでもないだろう。

宮脇俊三のエッセイから全線乗車や最長片道切符の旅、廃線巡りがさかんになったように、〈新しい女性たち〉の提言から鉄道の新しい楽しみ方が広がっていく可能性も、まじめに考えられていいように思う。

9　あなどれない女子の力②――オタク女子

もう一点、オタクについても書いておきたい。

鉄道マニアを漫画やアニメのオタクと並列的に見てきたが、鉄道マニアはほとんど男性だけで成り立っていた。これに対して、オタクに関しては、その開拓者が岡田斗司夫ら男性だったことは言うまでもないにしても、現在では女性の方が多いのではないかといわれており、事実、漫画同人誌の大販売会であるコミックマーケット（以下、コミケと略記）の参加者は女性の方が多いという。

では、オタク女子たちはコミケで少女漫画の同人誌を売買しているのかというとそうではない。

いわゆる少女漫画の読者は減っており、彼女たちが好きなのは「少年ジャンプ」（集英社）をはじめとする少年漫画雑誌なのである。「少年ジャンプ」は「友情・努力・勝利」という少年たちの好むスローガンをもとに、王道とされるバトル漫画で売り上げを伸ばしていったが、彼女たちはこれに少年たち以上に熱狂し、少年たちが思いもよらなかったような楽しみ方、つまり登場人物同士を同性愛関係にあると想定したパロディー漫画を描く／読むという、本来の少年漫画からは完全に逸脱した楽しみ方を編み出した。いまではこれが主流になっていて、コミケで売買されているのは、こうした少年漫画のパロディー同人誌（二次創作と呼ばれる）が多い。

そんなオタク女子の間で話題になっている漫画に『青春《あおはる》鉄道』がある。少年誌に連載された漫画ではないが、首都圏の鉄道各線が寂しがり屋の山手線、自信満々だがメンタル面の弱さもある東海道新幹線といったキャラ（性格・役割）を与えられて人格化されていて、コミケには山陽新幹線×東海道新幹線、副都心線×メトロ有楽町線、りんかい線×埼京線といったさまざまなカップリング（「男役×女役」で表記される）の同人誌が出品されている。

また、駅を擬人化した「ミラクル☆トレイン」の人気も高く、やはりこちらでも几帳面な都庁、ファッショナブルだが古風なところもある六本木、和風が似合うミステリアスな月島といったキャラに描き分けられ、オタク女子たちは月島×都庁、新宿×汐留、月島×六本木といったさまざまなカップリングによる二次創作を描き／読み、各駅を聖地巡礼するファンも多いという。

そもそも「鉄子」とは、男性の「鉄」の趣味を基準にした言葉である。横見が「鉄子」を「ぬるい」と言ったのは、ようやく女性たちも鉄道を趣味にするようになったが、自分たち男の「鉄」の

図8　青春『青春鉄道』(MFコミックスフラッパーシリーズ)、メディアファクトリー、2009年)の書影

世界に達するにはまだまだであるという意味だろう。しかし、女性が男性と同じように鉄道を好きになり、男性の「鉄」と同じゴールを夢想しているとはかぎらない。少年漫画がそうであったように、女性なりの鉄道の愛し方が存在しても不思議ではないだろう。事実、『青春鉄道』や「ミラクル☆トレイン」のファンたちは、「鉄」とも「鉄子」とも全く違ったことを頭の中では考えながら、外見だけは鉄道ファンたちと同じように熱い視線で鉄道各線を眺め、各駅を巡り歩いているのである。これだけ熱心に鉄道路線や駅を愛する彼女たちを、日本の鉄道趣味史からはずす理由はない。〈もう一つの鉄子〉とでもいうべきだろう。もちろん、『青春鉄道』や「ミラクル☆トレイン」の人気が今後も続き、聖地巡礼者が今後もずっと減らないという保証はない。しかし、少しずつバージョンを変えながら存在し続ける可能性は十分にあるように思う。

女子鉄を積極的にプロデュースしてきた横見は、すでに二〇〇七年の時点で次のように語っていた。(61)

国鉄時代は、鉄ヲタの世界には男しかいなかったんだよ。だけど、今は女の子もたくさん増えてきてるでしょ。その変化に、実は一抹の寂しさも感じてるんだよね。国鉄がJRになったと同時に、何かが変わっていってしまったような…。かつてはヲタたちに占められていた、ダサいけれども伝統の世界という雰囲気も、だんだんなくなっちゃうんじゃないかなあって。

もしも女子たちが本格的に鉄道趣味の世界に参入してきたら、旧国鉄時代へのノスタルジーなど木端微塵にされそうだ。しかし、横見がもう一方で望んでいた「鉄ヲタブランド化計画」は、実現することになるかもしれない。

注

（1）菊池直恵／横見浩彦『鉄子の旅』第一―六集（Ikki comix）、小学館、二〇〇五―〇七年

（2）ただし交通新聞社の土屋広道は、入社した一九九六年に「鉄道ダイヤ情報」の読者ページに女性鉄道ファンのコーナーを作って「鉄子の部屋」と名づけたといい、「当時からそう呼ぶ人もいた」とも書いている（神田ぱん／屋敷直子／さくらいよしえ／H岩美香『鉄子の部屋』交通新聞社、二〇〇七年）。また、「wikipedia」の「鉄道ファン」の注に、「山口よしのぶの漫画『名物！たびてつ友の会』単行本の、読者からの手紙を紹介するページにすでに「鉄子」の語が見えることから、一九九〇年代にすでに「鉄子」の語があったことがうかがえる」とある。

（3）菊池直恵／横見浩彦『鉄子の旅』第一集（Ikki comix）、小学館、二〇〇五年、七四ページ

（4）ほあしかのこ『新・鉄子の旅』第一―三集（Ikki comix）、小学館、二〇一〇―一一年

（5）矢野直美『北海道列車の旅 全線ガイド』北海道新聞社、二〇〇一年

（6）酒井順子『女子と鉄道』光文社、二〇〇六年
（7）前掲『鉄子の部屋』
（8）女子鉄制作委員会著、横見浩彦監修『女子鉄』（Marble books）、マーブルトロン、二〇〇七年
（9）影木栄貴『トレイン☆トレイン』第一―三巻（ウィングス・コミックス）、新書館、二〇〇二―〇五年
（10）青春《あおはる》『青春鉄道』第一―三巻（コミックジーン）、二〇〇九―一一年
（11）中村明日美子『鉄道少女漫画』白泉社、二〇一一年
（12）鵜飼正樹「鉄道マニアの考現学」、西川祐子／荻野美穂編『共同研究男性論』所収、人文書院、一九九九年、九六―一二一ページ
（13）前掲『女子と鉄道』七五―七九ページ
（14）http://www.aera-net.jp/summary/100530_01677.html
（15）いのうえ・こーいち『鉄道趣味がわかる本』（趣味の教科書）、枻出版社、二〇〇八年、二二一―二三ページ
（16）原武史『鉄道ひとつばなし』（講談社現代新書）、講談社、二〇〇三年、四一ページ
（17）辻泉「なぜ鉄道は「男のロマン」になったのか――「少年の理想主義」の行方」、宮台真司／辻泉／岡井崇之編『「男らしさ」の快楽――ポピュラー文化からみたその実態』所収、勁草書房、二〇〇九年、二一九―二四六ページ
（18）弘田陽介『子どもはなぜ電車が好きなのか――鉄道好きの教育〈鉄〉学』冬弓舎、二〇一一年、二九―四一ページ
（19）http://www.bandai.co.jp/kodomo/question61.html

(20)「鉄道にハマるお母さん達――「ママ鉄」急増中の背景」「Jcast ニュース」二〇一〇年四月二十九日付（http://www.j-cast.com/2010/04/29065592.html）
(21) 前掲「なぜ鉄道は「男のロマン」になったのか」二一九―二四六ページ
(22) 前掲『鉄道趣味がわかる本』二二一―二二三ページ
(23) 信時哲郎「鉄道ファン・宮沢賢治――大正期・岩手県の鉄道開業日と賢治の動向」「賢治研究」第九十六号、宮沢賢治研究会、二〇〇五年、一―一二ページ
(24) 鈴木伸子『グッとくる鉄道 見て乗って感じる、胸騒ぎポイントガイド』リトルモア、二〇一一年、一三一ページ
(25) 野村総合研究所オタク市場予測チーム『オタク市場の研究』東洋経済新報社、二〇〇五年、二五三ページ
(26) 青木栄一「鉄道趣味の歩み『鉄道ピクトリアル』の半世紀とともに」、鉄道図書刊行会編「鉄道ピクトリアル」第七百三号、鉄道図書刊行会、二〇〇一年、一三一ページ
(27)「「鉄道趣味」を旅する。――二〇一〇年度一橋祭研究」一橋大学鉄道研究会、二〇一〇年、六一ページ
(28) 同書九二―九五ページ
(29) 信時哲郎「「鉄子」はなぜ増えたのか?」」、甲南女子大学女子学研究会編「女子学研究」第一号、甲南女子大学女子学研究会、二〇一一年、二八―四一ページ
(30) 岡田斗司夫『オタク学入門』太田出版、一九九六年
(31) 岡田斗司夫『オタクはすでに死んでいる』（新潮新書）、新潮社、二〇〇八年、一三八ページ
(32) 同書一五六ページ

(33) 同書一六三ページ
(34) 前掲「「鉄道趣味」を旅する。」九三ページ、前掲「「鉄子」はなぜ増えたのか?」三七ページ
(35) 前掲『女子と鉄道』二二九―二三〇ページ
(36) 矢野直美『鉄子の旅写真日記』阪急コミュニケーションズ、二〇〇八年
(37) 小林しのぶ『ニッポン駅弁大全』文藝春秋、二〇〇五年
(38) 荷宮和子『食べテツの女――あなたはかき揚げ派?コロッケ派?』朝日新聞出版、二〇一〇年
(39) 前掲『鉄子の旅』第一集、一八ページ
(40) 前掲『女子鉄』五三―五四ページ
(41) 前掲「「鉄道趣味」を旅する。」九九―一〇〇ページ
(42) 前掲『鉄子の旅』第一集、二一ページ
(43) 矢野直美『ダイヤに輝く鉄おとめ』ＪＴＢパブリッシング、三二ページ
(44) 徳淵真利子『新幹線ガール』メディアファクトリー、二〇〇七年
(45) 前掲『ダイヤに輝く鉄おとめ』
(46) http://www.jreast.co.jp/recruit/student/company/gender_equality/index.html
(47) 前掲『女子と鉄道』九七ページ
(48) 同書一〇三ページ
(49) 前掲『女子鉄』二七ページ
(50) 同書一七ページ
(51) 三浦展『愛国消費――欲しいのは日本文化と日本への誇り』徳間書店、二〇一〇年、一一―五三ページ

(52) 同書四九―五〇ページ
(53) 同書八三ページ
(54) 「愛国消費」や「遅・安・内・古・心・舎」の趣味志向から「韓流」ブームをとらえるのは難しいが、『冬のソナタ』などに対しては、昔の日本人を見る思いがするといった評価もよく耳にした。
(55) 前掲「Jcast ニュース」二〇一〇年四月二十九日付
(56) 前掲『女子鉄』一〇三ページ
(57) 前掲『女子と鉄道』二〇七ページ
(58) 原武史『鉄道ひとつばなし2』(講談社現代新書)、講談社、二〇〇七年、二一九―二二〇ページ
(59) 前掲「鉄道マニアの考現学」一一六ページ
(60) 能町みね子『うっかり鉄道――おんなふたり、ローカル線めぐり旅』メディアファクトリー、二〇一〇年
(61) 前掲『女子鉄』九八ページ

第7章 K-POPにはまる「女子」たち

――ファン集団から見えるアジア

吉光正絵

1　女性ファッション雑誌が特集するK‐POPボーイズ

日本では連日、K‐POPと総称される韓国のアイドルグループが来日し、東京ドームコンサートやアリーナツアーの模様が朝の情報番組で報じられている。二〇一二年一月には韓国歌謡界で最も権威ある音楽賞の授賞式まで日本でおこなわれた。[1]このような現象とそれに伴う訪韓人数の増加は、日本では二〇〇〇年代前半に巻き起こった「「冬ソナ」現象」に続く「第二次韓流ブーム」[2]とも呼ばれている。

韓国産のポピュラー文化にはまるのは中高年女性と一部のアジアマニアだけという見方は、二〇一〇年三月に出版された女性ファッション雑誌「JJ」（光文社）が東方神起を表紙モデルに掲載し、初版十七万部と重版七万部を完売したことで払拭された（図1）。女性ファッション雑誌「GLAMOROUS」（講談社）が出版した『スターに会えるソウル[3]』では、ソウルのカフェやショップが憧れのスターに出会えて自分も磨ける一挙両得のおしゃれスポットとして、地図つきで紹介されている。おしゃれに敏感な日本の女子たちが韓国のスターやアイドルに向ける憧れの眼差しこそが、韓国製の商品やソウルの町のイメージを向上させ、訪韓人数を急増させているのではないかと考えられる。

フランスのテレビ局が二〇一一年に放送した時事番組では、ソウルのアイドルショップでグッズを買い漁る日本や東南アジアの女性たちのインタビューとともに、「音楽、ダンス、とファッションなど全ての分野において時代にあったトレンドを提示し、リードしていく[4]」という意味の、「コンテンポラリー」をキャッチフレーズとする韓国の高校生と大学生から結成された男性アイドルグループSHINeeの日本ツアーの模様が放送された。空港のお出迎えでカメラやボードを掲げて嬌声を上げ、長い行列に並んだ後でアイドルとハイタッチをして歓喜する日本の女子たちの映像をもとに、番組は、アジアのポピュラー文化の発信源は日本から韓国へ移行したと結んでいる[5]。同様の記述は、同時期のアメリカのＣＮＮワールドでも見られる。ここでは、上海万博会場でおこなわれたSUPER JUNIOR（図2）のコンサートに入れなかったファンらが起こした暴動事件から筆を起こし、中国やタイの女子学生の生活がＫ－ＰＯＰへの興味から韓国一色に染め上げられている様子を紹介している。記事に先駆けてＣＮＮで放送された『Talk Asia』のSUPER JUNIORへのインタビューでは、人気の原因として歌、ダンス、お笑い、ＭＣ、モデル、俳優といった芸能のサブグループに分かれて活動をおこなうことでジャンルや人種を越境できたこと、および「Twitter」や「facebook」などのソーシャルメディアを利用したプロモーションやファンとの交流を挙げていた[6]。ＣＮＮは韓国を「東のハリ

図1　「JJ」初の男性表紙モデルに抜擢された東方神起
（出典：「JJ」2010年3月号、光文社、表紙）

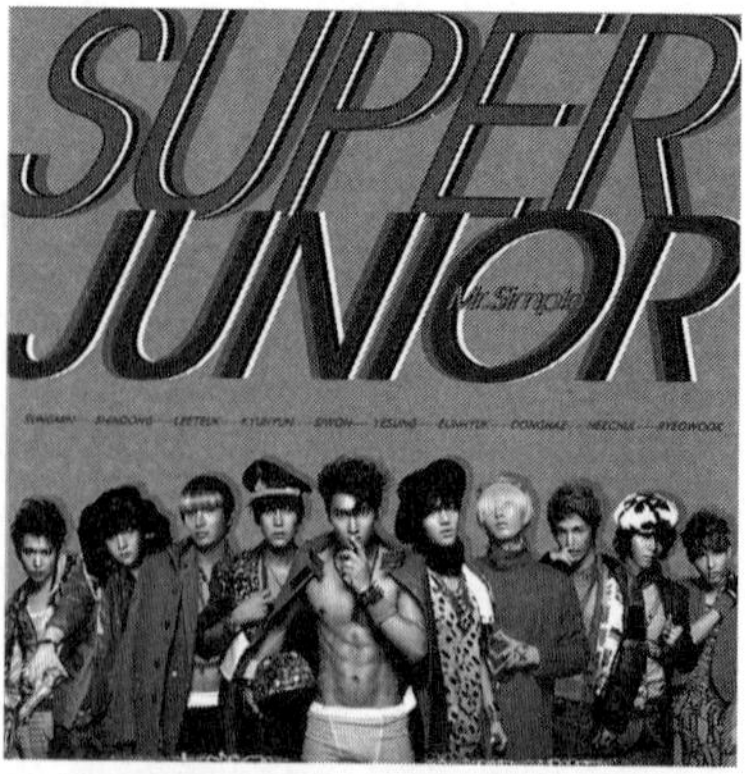

図2　SUPER JUNIOR「第5集　Mr.Simple 日本版」
（出典：AVEX ENTERTAINMENT INC, AVEX MARKETING INC,2011 ,AVCK-79041/B.）

ウッド」と呼び、「hallyu（韓流）」現象は、日本からインドネシアまでの広範囲にわたっていると結んでいる。(7)

　こうした韓国ポピュラー文化の海外普及は、二〇一〇年から一二年にかけて韓国政府と民間企業が合同で外国人観光客誘致のためにさまざまな取り組みをおこなっている「VISIT KOREA YEAR」政策の成果でもある。K‐POPからは、少女時代がペ・ヨンジュンやキム・ヨナ、ポロロとともに広報大使に選ばれ、K‐POP、ドラマ、キャラクター商品といった韓国のポピュラー文化を海外に向けて紹介し、関連ソフト産業を活性化させていく役割を担っている。(8)「VISIT KOREA YEAR」は、〇三年一月に小泉総理大臣（当時）が施政方針演説で示した「二〇一〇年（平成二十二年）に訪日外国人旅行者数を倍増の一千万人へ」との方針を受けてスタートした「VISIT JAPAN」(9)政策同様、イギリスのブレア首相（当時）の政権下で生じた「COOL BRITANNIA」の一連の取り組み、すなわち若い世代が生み出したファッションやポピュラー音楽などのソフト産業を核にした国のイメージの刷新に範をとった政策であると考えられる。(10)

　現在のK‐POPブームは、「VISIT KOREA YEAR」政策や関連する文化・情報関連企業のグローバル戦略の賜物であるという視点も無視できない。しかし本章では、K－POPブームの真の主人公であり基底部分を実際に支えているファンの女子たちの集団と行動に焦点を当てて考察していく。その際、K－POPとファン集団が重なっていることも多いJ－POPや女子向けの日本のオタク文化、韓流との関係にも焦点を当てて論及する。

なお考察は、二〇一〇年九月から一一年八月にかけてベトナム、中国、韓国、日本のコンサートや公開番組収録でおこなった参与観察中に出会った、十代から四十代までの四十人の女子たちに対するインタビュー結果をもとにしている。国籍は日本、中国、韓国、台湾、香港、タイ、マレーシア、フィリピン、ベトナム、フランスとさまざまだった。インタビューは主に日本語と英語でおこない、中国語と韓国語が話せる日本人が同行した際にはその助けを借りた。

2 K-POPとJ-POPと韓流の関係

日本でK－POPの伝導師と呼ばれている古家正亨によれば、K－POPとは「『KOREAN POPS』の総称で、九〇年代後半から始まる第一次アイドルブーム以降の韓国大衆音楽[11]」を指しているとのことである。また、K－POPに該当する音楽は韓国では「歌謡」と呼ばれていて、K－POPという言葉は、日本のメディアがJ－POPと対になる言葉として使い始めたというのが定説である。時期としては、一九九八年にH.O.T. のCDが日本市場で正式に発表され、五万枚以上のヒットを記録した頃ではないかとのことである。[12] H.O.T.以前の踊れるダンス・ポップ・グループの元祖としては、「韓国の少年隊」と呼ばれる消防車《ソバンチャ》が紹介されていることが多い。彼らは八七年に韓国でデビューして曲がダウンタウンらによってカバーされた後に九六年に日本の『HEY!HEY!HEY!』（フジテレビ）にも出演した。消防車《ソバンチャ》は、三枚目イメージがもたらす大衆性や越境性を韓国歌謡界に根付かせたと考えられる。[13] また、K-POPのステージパフォーマンスや十代向けの消費市場の構築では、九二年に韓国でデビューし、「韓国歌謡界の革命児」や「十代の大統領」と呼ばれたソ・テジの影響力の大きさが指摘される。ソ・テジは、X-JAPANのベーシストのTAIJIにあこがれて韓国のロックバンド、シナウィのベーシストとして活動した後、[14] ソ・テジ・ワ・アイドゥルを組み、演歌以外はダンス（ほとんどがテクノ）とバラードしかメジャーで成功できなかった韓国の歌謡界に、ラップおよび対抗文化的な価値やファッションを導入した。また、ミュージックビデオの制作や、「カムバック制度」など、K-POPに特徴的なプロモーションの基礎も築いている。[15]

日本では、二〇〇一年に日本デビューしたBoA以降、SS501や東方神起、BIGBANGらなどが成功してきた。彼らの成功に関しては、日本では日本語でJ-POPアーティストとして、韓国では韓国語で歌謡歌手として活動する、「ダブル・スタンダード」と呼ばれる方法の導入が指摘されてきた。[16] ただし最近では、BIGBANGの所属事務所が日本への「音楽的ローカライズ」をやめて日本活動をおこなうことを宣言し、エイベックスと新会社を設立した。[17] 台湾や中国での中国語ユニットの結成や番組出演などの活動はあったが、日本のバラエティー番組や音楽番組への出演、所属事務所やレコード会社によるプロモーション活動などを積極的におこなってこなかったSUPER JUNIORが、京セラドームに八万人を動員した後に東京ドーム公演に踏み切るなど、日本での「ダブル・スタンダード」導入の有効性が考え直される方向性もある。[18]

一方で韓国では、K-POP関連でも「韓流」という言葉を使う場合がある。「VISIT KOREA」プログラムの一環として韓国の慶州でおこなわれている外国人向けのK-POPのコンサートは、「Hallyu Dream Festival」（日本では単に「ドリームコンサート」）と呼ばれ、冒頭で紹介したSUPER JUNIORらは、韓国のバラエティー番組などでは「Hallyu Star」と少々揶揄的に呼ばれている。

韓国国内で使われる「Hallyu」という言葉は、一九九九年末に中国の新聞が、韓国のアイドルに熱中する自国の若者への驚きと警戒心をこめて、シベリアからやってくる寒気流つまり「寒流（hanliu）」をもじった同音異語の造語として使い始めた「韓流（hanliu）」に起源するらしい。これが香港の新聞の影響によって中国語圏全域に広がった後、韓国に伝わってできた言葉だという。[19]二〇〇三年に刊行された『K-POPバイブル』には、「男性ポップグループ」の説明として、「最近では、歌唱、ダンス、ルックスの全てがパッケージされて中華圏向けの輸出商品の目玉」[20]になっていると記されている。

ただし、韓国で「韓流」と冠したプロモーションをする場合には、韓国という地域性をもとにした差異性、越境性、アジア的近似性が強調されるとともに、民族の誇りや国際親善の意味合いがあり、ビジネスがしたい場合には、逆に「韓流」という言葉を背負いたくないという姿勢を打ち出すこともあるという。[21]

一方で、二〇〇二年のタイの日刊紙の記事には「J-pop」に対する熱狂が「K-pop」に変わったという言説が見られるため、タイや台湾、フィリピン、インドネシアなど、先にJ－POPが一定のファン層をつかんでいた地域では、K－POPという言葉が普及したのである。(22)

3 女子が愛好するK－POPボーイズグループの特徴

数多くのK－POPの男性アイドルグループには共通点がある。リーダーと「マンネ」（末っ子）が決められており、グループ全員がリーダーの号令どおりに動き、全員で末っ子を可愛がる。また、年齢が下の者は上の者を「ヒョン」（兄）と呼んで尊重するし、同年齢の場合、例えば一九八三年生まれならば「八三ライン」といったように、「－ライン」と呼んで強調する。また、プロフィール欄には、メンバーごとにボーカル担当、ラップ担当、ダンス担当など、ステージパフォーマンスで担当する役割が書かれていて、グループによってはMC担当、お笑い担当、ビジュアル担当、日本語担当、中国語担当なども ある。アメリカ生まれやアメリカ育ちのラッパーがメンバーに含まれることが多く、歌唱パートは、それぞれの声域と声種、技術を最大限発揮できるようにつくられている。K－POPムーブメントの元祖・東方神起のデビュー時のキャッチコピーは、「全員がメインボーカルを担当できる」であり、全員が曲のキーを理解し、使える音階を自然に自由に歌える能力を備えているということだった。各グループには通常、声域と声種、リズム感が明らかに異なっているメインボーカルとラップの担当者がそれぞれ二人かそれ以上いるので、その組み合わせによってしか実現できないハーモニーやグルーヴを楽しむことができる。そのため、体調不良やスケジュールの都合などでメインボーカル不在の場合などは、所属事務所の他のグループのメインボーカルが代役を務めることもあり、各自の能力と不可欠性が強調されている。日本のアイドルグループは、全員が同じ旋律を同じ調子で声を合わせて精いっぱいに斉唱することに心血を注いでいるが、韓国のアイドルグループは、それぞれの声と技能とリズム感に応じた分担とその結果生まれるハーモニーやグルーヴに力点を置いている。

K-POPのダンスでは、メンバーの一人が日本の連続ドラマに出演するなど、日本で人気が高いINFINITEの「シンクロ率が九九・八％」のように、「シンクロ率」が話題にされることが多い。メンバー全員が一緒に生活し、練習を重ねてきたことの証しともいえるだろう。ただしソロパートの場合には、HIP HOPダンス、バレエ、伝統舞踊、武術、アクロバットなど、それぞれが修練してきた身体技能の系統に応じて振り付けされ、それぞれが積み重ねてきた技能が尊重されている。

以上から、K-POPのアイドルグループの特徴は、年齢階梯制と分業制に基づいた相互依存的な階層秩序関係にある。このような関係は、K-POPのアイドルたちの練習生時代からの合宿所生活によって可能になったものであるが、もともとは日本のジャニーズ・システムを参考にして始められ、先述したH.O.T.の成功によって標準化されたという。(23)

小倉千加子はジャニーズを例に、女子にとっての男性アイドルとは、女子のジェンダー規範であるオシャレ、軽々とした身ごなし、ケア（メンバー間と自分自身）を女子ではない身体で女子以上にやって見せる「鏡に映った理想の自分」であり、「女子の代替の存在」[24]であると書く。本章ではまず、女性ファッション雑誌、しかも読者モデルを生み、等身大のファッション＝等身大の自己像を日本の女子大生たちに提唱してきた「JJ」の表紙モデルに東方神起が起用されたことを述べたが、これは日本の女性たちの「鏡に映った理想の自分」像の変化を反映していると考えられる。右記のようなK‐POPアイドルのパフォーマンスから、ファンの女子たちは、自分が鍛錬してきた能力を最大限に発揮しながらも、グループとして調和し儒教的な秩序に守られているといった、個人や集団のあり方に憧れているのではないだろうか。

また、合宿所生活やシンクロ率などの身体的一体性を深読みする日本で言うところの「やおい」層、BL（ボーイズラブ）のファン層に向けたパフォーマンスもされている。BIGBANGは二〇一一年度のカムバック時に韓国の放送局SBSで放送された『THE BIGBANG SHOW』で、韓国ではやったドラマ『シークレットガーデン』（SBS、二〇一〇―一一年）のパロディードラマを演じ、女装やメンバー同士のキスシーンを披露して話題になった。[25]このような所属事務所公式のプロモーション（DVDやインターネット放送、パロディー番組など）では、ファン・サービスとして事務所公式のカップルが提示されたり、女性アイドルグループやドラマのパロディーとして女装や同性のメンバー同士のキスシーンなどが提供されることも多い。SUPER JUNIORは「Twitter」で毎日の生活をファンにつぶやいていて、「Twitter」のニュースや世界ランキングで上位に入ることも多い。百万人以上のフォロワーがいるシウォンとドンへは、日本の少女マンガをもとに台湾で制作された主演ドラマが放送されていることもあり、シウォンがファンの作ったドンへの女装アイコラとともに「僕の彼女です」という言葉をアップしている。[26] 同じくSUPER JUNIORのキュヒョンは、東方神起、SHINee、CNBLUEといったアジア諸国で人気のあるグループに所属するメンバーらと結成した「ギュライン」という集団で親密に遊んでいる写真を深夜にアップし、「Twitter」をやっていない他のグループのメンバーたちのプライベート写真をファンたちに提供している。ただし、この所属事務所を超えた水平で自発的な関係性のファンに対するアピール力は、所属事務所内、グループ内の階層的な関係性よりも弱い。[27]

東園子は、ファンの女性同士で発見し解釈する、男性同士の人間関係に関する物語とその物語を共有するコミュニティへの渇望を、「相関図消費への欲望」というキイワードで説明している。[28] SUPER JUNIORのメンバーたちは、ファンが描くやおい物語やファンフィクションに出てきそうなネタをファンに直接投げ込むことで、ファンの欲望の方向づけや統制、自分自身の芸能人としての価値の上昇といった商品管理をおこなっているとも考えられるのだ。

「VOGUE NIPPON」の対談で小倉千加子は、K－POPのアイドルたちの吸引力を「二次元の漫画が、三次元になって目の前に現れた」ことに求める。対談相手の小倉紀蔵は、韓国の大衆文化産業では女性の作り手が優勢であるので、女性の想像力に適応するために男性アイドルたちも少女マンガの感性を学ぶことに熱心だと指摘している。そしてその魅力は、プレモダンな儒教の教えを重んじる折り目正さ、モダンで力強くグローバル化した社会でも人生を自分で切り開いていける力強さや男性性といった、相反するさまざまな感性が同居していることだと指摘している。[29]

BLがアイドルたちによってパフォーマンスされることも多いが、恋愛以上に多く提示される親密な絆のイメージは「家族」である。K‐POPの大手事務所は、YGファミリーコンサート、JYPファミリーコンサートと銘打ち、所属事務所全員で同じステージに立ち、「ファミリー」としての絆を確認し合う。また、アイドルグループが協力して子育てをする『ハローベイビー』シリーズ（KBS、二〇〇九年―）などが、キャストを変えて放送され続けているし、[30] トーク番組やコンサートなどでは、同じグループ内で料理担当のお母さんやお父さんを自称してみたり、妻や夫や結婚式や新婚旅行を演じてみたりもする。

東によれば、やおいコミュニティで共有される物語のタイプで最も有名なのは男性同士の恋愛だが、現在ではキャラクターを先輩、後輩や先生に置き換える学園もの、あるいは同年代設定の男性同士を父親、母親、子どもとし、一つの家族を設定したやりとりに力点を置いた作品もあるとのことである。家族のイメージが女子に好まれる傾向があるのかもしれない。[31]

ただし、家族的イメージの事務所運営や共同生活による長期間拘束型の育成システムは、専属契約に付加する肖像権、命名権、制作をおこなうことでの原盤権と著作権、音楽出版権を集約して管理し、アーティストの育成や管理、レコーディングからパッケージデザインまでの全工程を自社でおこなう「一ソース／マルチユース」といったビジネスモデルを可能にしている一方で、アイドルの囲い込みとして批判の的にさらされることもある。[32]

4 K-POPファンの集団性

韓国のアイドルやスターのファンは、ファンカフェと呼ばれるインターネット上の会員制ファンサイトを通して応援活動をする。ファンカフェには、所属事務所が運営するファンクラブと連動しているものもあるが、ほとんどのファンカフェは会費無料で、ボランティアで運営されている。ファンカフェは、所属事務所と連絡をとりあって、サイトが応援するスターやアイドルのスケジュールの告知やファンミーティングをおこなう。また、ファン枠が設定された番組観覧やコンサートの枠を放送局や事業者と交渉して獲得し、集合時間や場所、観覧名簿を管理する。応援するスターやアイドルの誕生日にはバースデイ・プロジェクトやパーティを開催し、プレゼントをとりまとめ、コンサート時には、曲ごとのコールやステッカー、バルーンやペンライトの配布、応援用の横断幕や電光板の掲示といった応援の企画と組織化をおこなう。

ファンクラブはこのほか、膨大な枚数の新譜やコンサート・チケットの協同購入、ファン・サポートと呼ばれるテレビやラジオなどの共演者と番組スタッフ分を含む約百人分の食事や飲み物の差し入れ、ミュージカルへの米花輪（図3）、アイドル名義の寄付や広告といった宣伝活動、番組に対するクレームの申し立てなどもおこなう。米花輪の米は、アイドルの名前で福祉施設などに寄付される。

図3　各国のファンから届けられた米花輪（撮影：2011年8月、ソウル）

ファン・サポートに必要な資金は、「バズーカ」と呼ばれるサイト専属のカメラスタッフが撮影したアイドルの写真集やカレンダー、スローガンタオルといったグッズの販売、ファンカフェがサポートごとに集める寄付によって賄われている。ファンカフェが撮影・編集した写真集やパネルはアイドル自身にも渡される。ちなみにバズーカとは、彼女たちが撮影に使う一眼レフのカメラがバズーカ砲のように見えることに由来する。

所属事務所の方針によって撮影が禁止されている場合もあるが、日本以外でおこなわれるK-POPのコンサートや公開番組収録、出待ちや入り待ちなどでは、撮影は禁止されていない。特に中国では、入場の際には空港のゲートチェックと同じチェックがあるが、カメラは没収されないし、警備員の横でバズーカや三脚を組み立て、ビデオを撮影するかたわら一眼レフで写真を撮っているファンたちもいる。

彼女たちは、イベントが終了すると、自らの作品に署名を入れて自分が所属するファンカフェやファンサイトに投稿する。K-POPのアイドルたちは韓国だけでなく、中南米や欧米も含む世界各地で活動しているので、マスメディアや所属事務所のカメラが入らないことも多い。そこで彼女たちが、ファンのためのメディアとして重要な機能を果たしているのだ。また、ファンカムで撮影された膨大な量の映像は、二次創作に使われてファンの共同性を強化している。アイドル自身も、ステージから自分を映すファンカムを探し、近寄っていって手を振ったり、カメラを受け取ってファンと同じフレームに納まったりしている。アイドル自身からもお抱えメディアとして重宝されているようだ。

ファンカフェの運営者は、「マスター」と呼ばれて尊敬されている。マスターはファンとアイドルの板ばさみになり、放送局や各種団体との交渉もしなければならないので、非常な労力を要し、数年でやめてしまう人が多い。「アイドルのことが好きで始めたのに、直接アイドルに会っても交渉をしなければならないので、喜びの声を上げることはできない。ファンのために、アイドルに我慢や負担や過労を強いることも多い。また、ファンの友達から責められることも多い」などと、元ファンカフェのマスターたちは独自の苦労を語っている。

以上から、ファンカフェはファンのボランティアであるにもかかわらず、所属事務所や放送局との交渉や宣伝など、韓国の音楽業界で重要な役割を果たしているといえる。

5　アジア諸国間のファン連携

ファンカフェは韓国以外でも運営され、同じような機能を果たしている。中国や東南アジアでおこなわれるコンサートでは、日本と異なり、所属事務所公式グッズの販売などはあまり熱心におこ

図4　正規グッズ売り場とファンカフェ（撮影：2010年9月、上海）

なわれない。図4は上海のコンサート会場を撮影したものだが、この日は天候が悪かったせいか、公式グッズの販売はほとんどやっていなかった。そのかわり、陸橋の上に各国からきたファンカフェのテントが出て、カフェごとの応援グッズやスローガンタオルを盛んに配布していた。上がっているアドバルーンも、ファンカフェが発注した応援用のものである。ファンカフェは開催国ごとに、現地ならではの応援企画を考えて実行している。図5は南京で開催されたコンサート前の様子だが、ファンカフェの横断幕の下に座ったファンたちが応援するメンバーの名前とスローガン、ファンカフェの署名が入ったカードを掲げて、ファン同士の一体感を高めながら応援している。横断幕には、各ファンカフェが応援するグループや個々のメンバー、カップルなどの愛称が意匠化されている。

特にベトナムでのコンサートでは、各国のファン連携が活発だった。このコンサートは、世界十三都市のスタジアムで開催されたアジア・ツアーの最終日にもかかわらず、チケット代が、ベトナムの若い女性からすると高額なために売れ行きが悪く、収容数二万人のスタジアムの四割程度しか埋まっていなかった。そのため、コンサートの中止や変更を危ぶむベトナムのファンたちから「Twitter」を介して英語や

図5　ファンカフェ主導の現地企画実行状況（撮影：2010年11月、南京）

中国語、その他の言語で海外ファンに参加が呼びかけられ、英語で書かれた事務所公式のチケットサイトへのアクセス方法などがしきりにリツイートされていた。そしてコンサート当日の会場では、集団ごとにお揃いのTシャツを着たファンたちが、自分が応援するカップルやメンバーの名前の入った応援グッズをもち、その日のファン企画への協力を求める応援マニュアルを書いたフライヤー（ベトナム語以外にも韓国語、中国語、日本語、英語を併記）に各国のファンカフェ連名の署名を入れて配っていた（図6）。

日本のファンサイトやブログなどでも、募金のとりまとめや韓国のファンカフェとのサポート連携の呼びかけがおこなわれる場合がある。ただし、ファン・サポートなしのファン・グッズの配布や応援の組織化などに対しては、サポートに参加しているサイトからクレームが出され、企画が中止されることもある。

ソウルでの参与観察期間中にアイドルの家族が経営する店を訪れた際に、そのアイドルのファンカフェのマスターが来店した。その日は誕生日の前日だったので、店にはファンから届けられた誕生日プレゼントがたくさんあった。マスターはカウンター内で立ち働いていたアイドルの母親を「オンマ」（お母さん）と呼んで、プレゼントの山を

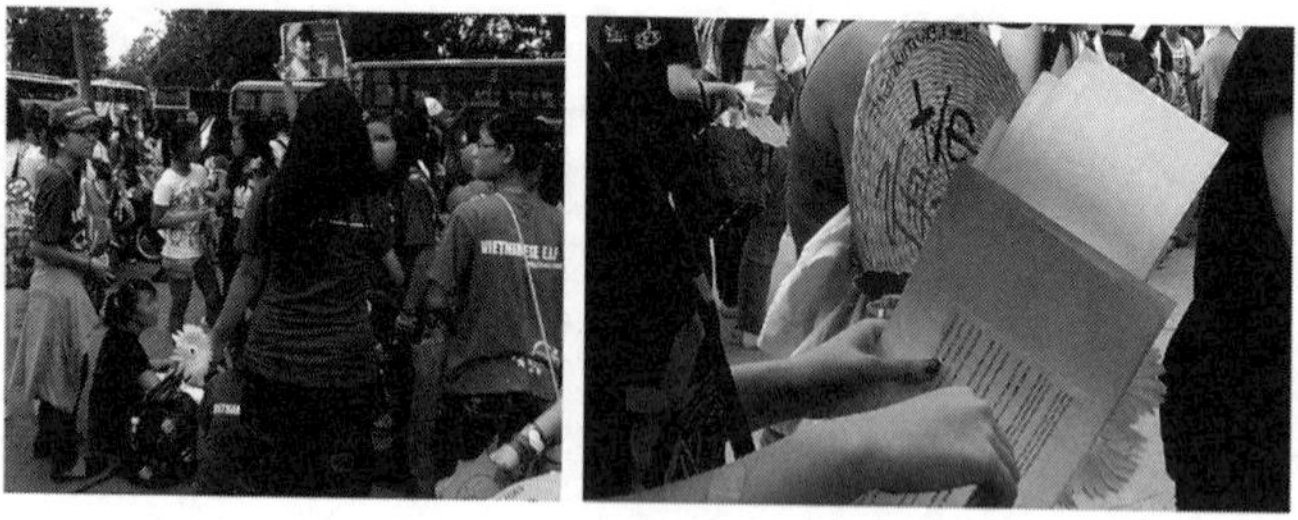

図６　ベトナムに集まったファンと現地企画の応援マニュアル（撮影：2011年5月、ホーチミン）

次々と車に積み込んでいった。この日来店したカフェのマスターはタイ人だったが、その店にいたタイ、中国、フランス、日本からきたファンたちのなかには、マスターの顔を知っている人もいて、マスターを「オンニ」（お姉さん）と呼んで駆け寄り、手にした誕生日プレゼントを預けていた。

さまざまなジャンルのおっかけの生態を当事者たちへのインタビューをもとに描いた竹内佐千子のマンガ『おっかけ！』のK－POP編のラストも、ファンがアイドルの両親が営む韓国料理の店に行き、母親の手を握って「ほんとにあの子を生んでくれてありがとう!!」と、親に感謝して泣くエピソードで終わっている。先に、事務所と所属アイドルの関係にも家族という言葉が使われると書いたが、このように、ファン行動をめぐる関係にも「家族」という集団への思い入れが特徴的に現れているようだ。[33]

すでに取り上げた『韓流の社会学』でも、「韓流」では、スターとファンとの関係に「家族」という言葉が使われると述べている。これは、ペ・ヨンジュンが受賞式でファンを「家族」と呼んだことに端を発する。「家族」という言葉をスターをめぐる人間関係に使うことで、規範性や道徳性を介入させ、衝動的な感情の自制と関係持続への意識をもたせる効果があるとのことである。「家族」という一次的関係の設定によって、ファンとスター、ファン同士の間の「地理的な距離感や国家的アイデンティティの違い」の乗り越えが起きるが、「家族ではない」人には関係を閉ざす排他的な「家族愛」が実践され、ファンの囲い込みにもつながっているという(34)。

K-POPのファンは、人種も国籍も年齢も職業もファンになった経緯も考え方も異なるが、それらの違いを超えて連携している。だが時折、日本の元ジャニーズファンなどからは、「同担お断り」的な言動や、「韓国のファンサイトがいちいち言ってくるのはうざい。好きになり方は人によって違うから勝手にさせてほしい」という意見を聞くこともある。

辻泉によれば、ジャニーズファンは男性アイドルを「私のためだけのアイドル」と見なし、他のファンは「自分とアイドルとの関係を邪魔」する「嫉妬の対象やライバル」になるので、「同担」と呼ばれる同じアイドルのファンとの競争を巧みに避けながら、どこまでも広がるネットワーク的な集いを形成するということである。また他ジャンルのファン集団の特徴として、やおい系女性オタクの場合は、同じキャラクターを好きな女性同士で友達になる傾向にあり(35)、ヴィジュアル系ロックバンドの場合は、世界観を共有できる同じバンドファン同士だけで閉鎖的な集団を形成するとのことである(36)。

K-POPには、ジャニーズ、やおい、ヴィジュアル系から流れてきたファンも確かに多いが、同担の場合でもそうでなくても、国籍や居住地の違いにかかわらず、「渡航費がかかるから、宿泊費がかからないように泊まりに来て」と言われることが圧倒的に多く、本当に泊まり合っているファンたちも多い。

ただし、公式ファンクラブごとにファンの呼称や応援カラーが決まっているせいか、グループに対する忠誠心は高く、「かけもちお断り」というファンも多くて、ファンクラブの間でしばしば熾烈な抗争が繰り広げられる。多数のアイドルが出演する大規模な韓流イベントでは、アイドルごとにファン枠が設定されて固まって応援するので、ファン枠の数や位置、どのアイドルのペンライトの色がいちばん多かったかなど、アイドル自身も参戦してインターネット上で抗争が続くことも多い。

以上のようなK-POPファンの集団性は、家族という用語が使われはしているが、日本の歌舞伎における「贔屓」が典型例である、伝統芸能でのファンシステムによく似ているようだ(37)。

K-POPの楽曲がステージでプレイされる際には、ファンたちが声を合わせてスターの本名や芸名、特徴を連ねてコールし、コンサート会場では、屋内だけではなく屋外でもファンカフェのサイト名と応援するアイドルの写真やイラストが入った幕を張り、ミュージカルでは米花輪を積む。中国などでも、サイトのメンバーごとに固まって座り同じ形式で応援している。これは、歌舞伎における贔屓が観劇中には俳優への褒め言葉を発し、劇場前に幟を立てて進物を積み、幕を贈り、〈〇〇連〉と称して団体見物をしていたのとほぼ同じである。

また、ファンカフェが提供する音楽番組やミュージカル、出演ドラマなどのスタッフや共演者を含めた約百人分のフード・サポートや、バースデイ・プロジェクトでおこなうアイドル名での募金や新聞広告などの宣伝も、アイドルたちの芸能活動にとって重要である。サポート後には、アイドルたちがカフェに直接礼を述べるが、これも、歌舞伎で贔屓の有無が自己の芸の評価に関わっていたため、俳優たちが贔屓を大切にして一層の引き立てを願ったことと似ている。

6　体験型ファンタジー空間としてのソウル

先ほどから言及しているように、K－POPのファンはジャニーズやヴィジュアル系から流れてきている場合もある。辻は、「ジャニーズ系男性アイドルのファン」にとってのアイドルは、憧れの対象というより身近な友達のようなイメージが大切で、ヴィジュアル系ロックバンドのファンにとっては、歌詞の世界観や見た目の特異性での顕著な差異化の表象としてのイメージが大切だと書く。イ・ヒャンジンは、「韓流スター」のプロモーションでは「韓国という地域性をもとに差異性、越境性、アジア的近似性」が強調されたために、ハリウッドはあまりに遠すぎジャニーズはあまりに近すぎると感じている人々の心を集めたと分析している。イ・ヒャンジンは、ファンたちがおこなう韓国旅行は「現実世界に生きるスターを発見するのではなく、彼が属している現実までをも、ドラマのようなファンタジーとして」感じ取り、「ドラマの視聴の続き」として「スターの日常を覗き見る」[38]ことを目的にしていると書く。

K－POPファン向けの観光ガイド本でも、「韓流スター」の追っかけ本を倣って、コンサートや音楽イベントの参加方法の他に、公開番組の観覧方法、所属事務所やK－POPスター本人や家族が経営する店の案内が掲載されていて、ファンたちがソウルに行った際には、それらの場所を訪問するのが慣例となっている。

テレビ番組観覧は基本的に無料であり、番組観覧のために並んでいると、放送局に入るアイドルの姿を見たり声をかけることもできる。また、ファンだけを入れたカムバックステージが別録りされるケースや、近くの会場でファンミーティングがおこなわれるケースもある。

百人ほどの男女のアイドルが、所属事務所ごとのチームに分かれて陸上競技を競う『アイドル運動会』という番組もある。この番組は会場がスタジアムなので集客人数が多く、収録時間も午前九時から午後七時と長時間にわたるため、誰でも気軽に無料で参加でき、撮影可能なファン感謝祭的なイベントだ。会場への道を尋ねた小学生は、学校の友人たちの多くがこの番組の観覧にいっていると答えた。会場では、各アイドルグループのファンがまとまって座っているので、競技のあいまにアイドルたちが自分たちのファンのところに挨拶にくる。特に低年齢層の少女たちは、自分の好きなアイドルに「オッパ」（お兄さん）と声をかけて菓子をあげたり、みんなでコールをしたりするなど、アイドルとの直接的なコミュニケーションを楽しんでいた。

この番組は、放送される番組以上に、何千台ものファンカムが撮影してアップした膨大な映像や写真が人気だ。日本在住の二十三歳の会社員によると、この番組のファンカムでは、マイクを通した番組放送用のアナウンスやインタビュー以外の声が入っていないので、相関図消費をおこないやすいという。彼女によれば、アイドルは所属事務所ごとに同じ色のユニフォームを着て、個人名と所属グループ・バンド名が書かれたゼッケンをつけているため、後ろ姿や遠景でも誰なのかわかる。

図７　ラジオ番組生放送前の入り待ち時と観覧時のファンたち（撮影：2011年8月、ソウル）

そこから、誰と誰が話をしているとか仲良くしているといった、アイドル同士の関係性や所属事務所を超えた相関図を読み解くのが醍醐味だそうだ。

また、一週間のうち数日は放送局のオープンスタジオで収録がおこなわれ、インターネットを通して世界中にその様子がライブストリーミングされているラジオ番組観覧は、ソウルを訪れる外国のファンたちから人気メニューだ（図７）。深夜の時間帯にもかかわらず、日本、中国、フランス、タイ、台湾といった世界各国から集まったファンたちが、必死にオープンスタジオのなかを覗き込んでいるのだ。放送開始前後の入り待ち・出待ち時には警備員から整列の指示があり、入場ゲートの向こうからファンに向かって笑顔で手を振るアイドルの撮影が可能である。日本から来た元ジャニーズファンの大学生は「なんておっかけに優しい国」と語っていた。ただし、その優しさは、アイドル、ファン、情報・文化産業のそれぞれの自発性や偶発性をも用意周到に組み込んだ、規律と監視の徹底化によって可能となっている。

7 K-POPにはまる「女子」たちに見るアジア

本章ではまず、J-POPと韓流との関係に焦点を当てながらK-POPという音楽ジャンルの特徴について考察し、その後、アジア諸国での参与観察結果をもとに、K-POPファンの行動と集団性について論及した。

K-POPのファンたちは、CNNなどの欧米メディアが報じたように、ソーシャルメディアを利用した、国境を越えたコミュニケーションをおこなっている。しかし、ファンカフェに統率されるファン行動の性質には、伝統芸能や古い歌謡界に見られる贔屓に近い、非常にアジア的で土着的なものが見られる。また、ファンカムやファンが作る二次創作の作品群は、ファン同士のコミュニケーションを円滑にし、K-POP自体が国境を越えて拡がっていくのに大きく貢献している。これは、肖像権や著作権を管理しない中華圏のメディア状況や、流用に甘い韓国芸能事務所のシステムに由来するともいえる。ただし、このような体制では、利益回収のリスク・マネジメントは難しい。二〇一一年四月にはペ・ヨンジュンが所属するKey Eastが主導して、K-POPアイドル、韓流スターの大手所属事務所が連携し、海外活動、肖像権と知的財産権、キャスティングなど著作権を管理するエージェンシーであるUAM（United Asia Management）が設立されたので、今後は異なった流通体制が構築される可能性もある。現在のK-POPの隆盛を根底で支えているファンたちの、自発的で秩序立った応援態勢とのバランスが、今後の展開のキーになってくるだろう。[39]

K‐POPのファンサイトが運営されている韓国や中国、タイなどの東南アジア諸国では、大衆芸能の領域に贔屓と似たファン文化の蓄積があるという。このようなK‐POPにはまる女子たちの集団性の特徴は、アジア全域に共通する文化的な土台の存在を表しているものなのか、ポピュラー音楽の聴取行動が近代化するまでの過渡期のものなのかわからないが、その詳細については、本章の範囲を超えるので論究できない。

現在、筆者は中国、韓国、インドネシア、日本の大学と高校の協力を得て、それらの在校生を対象にポピュラー文化とファン・カルチャーに関する調査プロジェクトをおこなっている。国ごとのファン・カルチャーの相違点や類似点については、それらの結果とともに稿を改めて検証していきたい。

注

(1)「韓国ゴールデンディスクアワード二〇一一 in 大阪」(http://goldendiskawards.jp/)[最終アクセス二〇一二年一月十六日]

(2) J-CAST ニュース「「第二次韓流ブーム」到来か　訪韓日本人急増、雑誌の特集も続く」二〇一一年十月十一日付、十九時五十四分(http://www.j-cast.com/2011/10/11109652.html?p=all)[最終アクセス二〇一二年一月十六日]

(3) GLAMOROUS 編集部編『スターに会えるソウル』(講談社 mook)、講談社、二〇一一年

（4）SHINee OFFICIAL WEBSITE（http://shinee.jp/sp/profile/）［最終アクセス二〇一二年一月十六日］
（5）二〇一一年三月一日に French2が放送した時事番組『地球に向かった視線』のなかの「韓国がアジアをリードする」というコーナーで紹介された。
（6）“K-POP SUPERSTARS SUPER JUNIOR ON CNN'S TALK ASIA,” December 6, 2010.（http://www.cnnasiapacific.com/press/en/content/631/）［最終アクセス二〇一一年十月十八日］
（7）Lara Farrar for CNN, “‘Korean Wave’ of pop culture sweeps across Asia,” December 31, 2010（http://edition.cnn.com/2010/WORLD/asiapcf/12/31/korea.entertainment/）［最終アクセス二〇一二年一月十六日］
（8）「二〇一〇年―二〇一二年 VISIT KOREA YEAR」（http://japanese.visitkoreayear.com/japan/main.asp）［最終アクセス二〇一二年一月十六日］
（9）「VISIT JAPAN 二〇一一」（http://www.visitjapan-partner.jp/）［最終アクセス二〇一二年一月十六日］
（10）「COOL BRITANNIA」については、『LIVE FOREVER』（2002, THE KLOCK WORX, WISEPOLOCY, メディアファクトリー, ZMBY-1809）参照。
（11）古家正亨『古家正亨の ALL ABOUT K-POP――これを聴かずして K-POP は語れない！ 名盤・必聴盤500』（Softbank mook）、ソフトバンククリエイティブ、二〇一〇年、二六ページ
（12）シン・ヒョンジュン（申鉉準）「韓流ポップの現状」、井上貴子編著『アジアのポピュラー音楽――グローバルとローカルの相克』（双書音楽文化の現在4）所収、勁草書房、二〇一〇年、五四ページ
（13）『K-POP バイブル』エイチ・シー・ピー、二〇〇三年、九八ページ
（14）同書九七ページ

(15) 古家正亨「ソ・テジから東方神起、少女時代まで」、ミュージック・マガジン編「ミュージック・マガジン」二〇一〇年三月号、三七ページ
(16) 前掲『古家正亨のALL ABOUT K-POP』三八ページ
(17) 中央日報「「韓日巨大レーベル誕生」…YGとAVEXが"YGEX"設立」二〇一一年七月二十二日付（http://japanese.joins.com/article/063/142063.html）［最終アクセス二〇一一年十月十八日］
(18) 「SUPER JUNIOR単独東京D公演」「日刊スポーツ」二〇一二年一月十二日付、七時四十五分（http://www.oricon.co.jp/news/entertainment/91279/）［最終アクセス二〇一二年一月十六日］
(19) 土佐昌樹「『韓流』はアジアの地平に向かって流れる」、土佐昌樹／青柳寛編『越境するポピュラー文化と〈想像のアジア〉』めこん、二〇〇五年、二〇一ページ
(20) 前掲『K-POPバイブル』一六六ページ
(21) イ・ヒャンジン『韓流の社会学――ファンダム、家族、異文化交流』清水由希子訳、岩波書店、二〇〇八年、二三ページ
(22) 前掲「『韓流』はアジアの地平に向かって流れる」二〇〇ページ
(23) 前掲「ソ・テジから東方神起、少女時代まで」三五ページ
(24) 小倉千加子『オンナらしさ入門（笑）』（よりみちパン！セ）、理論社、二〇〇七年、八七―八九ページ
(25) 「BIGBANG,'男同士キス'…カムバックのための無理な話題づくり？」「中央日報」（http://japanese.joins.com/article/823/137823.html）［最終アクセス二〇一一年三月二十九日］
(26) 「チェ・シウォン　清純な恋人を公開」「bntニュースジャパン」（http://www.bntnews.co.jp/app/news_viewer.php?mg=2&sg=4&nid=6461）［最終アクセス二〇一二年一月十六日］

(27)「ギュライン（東方神起 & SJ & SHINee & CNBlue）豪華忘年会をスーパージュニアのギュヒョンがツイにアップ！」「韓流 MPOST」(http://mpost.tv/2011/12/sjshineecnblue.html)［最終アクセス二〇一二年一月十六日］

(28) 東園子「妄想の共同体――「やおい」コミュニティにおける恋愛コードの機能」、東浩紀／北田暁大編『思想地図 vol.5』（ＮＨＫブックス別巻）、日本放送出版協会、二〇一〇年、二五八ページ

(29) Kenji Matsubara ／ Eri Magara ／ Mihoko Iida ／小倉千加子／小倉紀蔵「The How to on Romance」「VOGUE NIPPON」二〇一一年三月号、コンデナスト・パブリケーションズ・ジャパン、一〇五―一〇六ページ

(30)『SHINee のハローベイビー』ＫＢＳ、二〇〇九年（http://www.kbs-tv.jp/program.action?pID=1258）［最終アクセス二〇一二年一月十六日］

(31) 前掲「妄想の共同体」二五九ページ

(32) Kei Wakabayashi「MADE IN KOREA 韓流エンターテインメントは世界を制するのか。Ｓ・Ｍエンタテインメント代表、金英敏氏インタビュー＆本社潜入取材！ BoA、東方神起、少女時代を生んだ企業の世界戦略」「GQ JAPAN」二〇一一年三月号、コンデナスト・ジャパン、三二ページ

(33) 竹内佐千子『おっかけ！』ブックマン社、二〇一一年、三九―四〇ページ

(34) 前掲『韓流の社会学』九―一〇ページ

(35) 前掲「妄想の共同体」二六七ページ

(36) 辻泉「メディアと集いの文化への視座――経験的／批判的アプローチからマルチメソッド・アプローチへ」、南田勝也／辻泉編『文化社会学の視座――のめりこむメディア文化とそこにある日常の文化』所収、ミネルヴァ書房、二〇〇八年、三一ページ

（37）青木繁「ひいき贔屓」、服部幸雄／富田鉄之助／廣末保編『歌舞伎事典』所収、平凡社、二〇一一年、三五一ページ
（38）前掲『韓流の社会学』二四ページ
（39）ＳＭ・ＪＹＰ・ＹＧ・キーイーストが一つになったエージェンシーＵＡＭ設立。二〇一一年四月八日付、二十時五十四分（http://www.tvreport.co.kr/cindex.php?c=news&m=newsview&idx=107589）［最終アクセス二〇一二年一月十六日］

おわりに

池田太臣

本書『「女子」の時代！』では、さまざまな「女子」を取り上げた。現代は、マーケティングの言葉としても、女性が自身のアイデンティティを語る言葉としても、「女子」が重要な時代である。「女子」がここまで多用される事態の背後に、筆者は新しい社会的潮流（あるいはその萌芽）があると考えている。そして、その社会的潮流は、これまでの女性学やフェミニズム研究の枠におさまりきらない「何か」をもっているのではないだろうか。

もちろん、いうまでもないことだが、「女子」という名のもとに、女性の体験を過剰に平板化してしまったり、女性に固有のものとして本質化したりしてしまうことには注意が必要である。本書の随所に「かわいい」という言葉が出てくるが、日本の女性がみんな「かわいい」を好んでいるわけではない。

平板化や本質化の危険に最大限注意しながら、今後も、「女子の女子らしさ」、つまり「女子性」を追求していきたい。「女子」の活動は、これからも日本社会で重要になっていくだろう。「女子」の特徴は、どんなものなのか。それは、従来の社会にどんな問題を提起してくるのか。本書が、そのような「女子」研究の重要な第一歩になることを願っている。

なお、本書は、主に関西在住の研究者で構成する「女子学研究会」の研究成果である。本研究会は、二〇一〇年の三月にスタートしてから、毎月一回の定例の研究会をおこなっている。研究会の成果がこうして本になり、世に問うことができることに喜びを禁じえない。本書を読んで「女子」的な現象や「女子学研究会」に関心をもった方は、ぜひご連絡をいただきたい（連絡先：taishin@konan-wu.ac.jp）。

このような出版の機会を与えていただいた青弓社の矢野未知生氏に、この場を借りてお礼を申し上げたい。また、研究の母体である研究会の運営に関しては、筆者が所属する甲南女子大学から助成金をいただいた。ここに記して感謝したい。

[著者略歴]

河原和枝（かわはら かずえ）
甲南女子大学教員
専攻は文化社会学、社会意識論
著書に『日常からの文化社会学』（世界思想社）、『子ども観の近代』（中央公論社）、共著に『新版 現代文化を学ぶ人のために』（世界思想社）など

米澤 泉（よねざわ いずみ）
甲南女子大学教員
専攻はファッション文化論、化粧文化論
著書に『私に萌える女たち』（講談社）、『コスメの時代』（勁草書房）、『電車の中で化粧する女たち』（ベストセラーズ）など

増田のぞみ（ますだ のぞみ）
甲南女子大学教員
専攻はメディア文化研究、マンガ研究、「少女」文化研究
共著に『近代大阪の出版』（創元社）、論文に「雑誌メディアと少女マンガ」（「少女マンガパワー！」展図録）など

信時哲郎（のぶとき てつろう）
甲南女子大学教員
専攻は日本近現代文学
著書に『宮沢賢治「文語詩稿五十篇」評釈』（朝文社）、共著に『神戸カフェ物語』（神戸新聞総合出版センター）など

吉光正絵（よしみつ まさえ）
長崎県立大学教員
専攻は社会学、メディア文化研究、ポピュラー音楽研究
論文に「女の子・世間・ともだち」（「ユリイカ」2006年7月号）、「ゴスロリ」（「木野評論」2003年3月号）など

［編著者略歴］
馬場伸彦（ばば のぶひこ）
甲南女子大学教員
専攻はメディア文化論、日本近代文学、写真論
著書に『周縁のモダニズム』（人間社）、編著に『ロボットの文化誌』（森話社）、共著に『機械＝身体のポリティーク』『イメージとしての戦後』（ともに青弓社）など

池田太臣（いけだ たいしん）
甲南女子大学教員
専攻は社会学理論、若者文化論、サブカルチャー論
著書に『ホッブズから「支配の社会学」へ』（世界思想社）、共著に『文化社会学入門』（ミネルヴァ書房）など

青弓社ライブラリー72

「女子《じょし》」の時代《じだい》！

発行――2012年4月22日　第1刷
　　　　2013年1月18日　第2刷

定価――1600円＋税

編著者――馬場伸彦／池田太臣

発行者――矢野恵二

発行所――株式会社青弓社
〒101-0061 東京都千代田区三崎町3-3-4
電話 03-3265-8548（代）
http://www.seikyusha.co.jp

印刷所――厚徳社

製本所――厚徳社

ISBN978-4-7872-3338-7 C0336

上野千鶴子／江原由美子／若桑みどり／加藤秀一 ほか

「ジェンダー」の危機を超える!

徹底討論！バックラッシュ

バックラッシュに反撃する！　ジェンダー概念に対して、全国で曲解や歪曲に基づく批判＝バックラッシュが巻き起こっている。その反動性を徹底的に批判し、ジェンダーの深化を探る。　1600円＋税

谷口雅子／高橋一郎／萩原美代子／掛水通子 ほか

ブルマーの社会史

女子体育へのまなざし

明治期から1990年代まで広範に普及して黄金期を築いたブルマーへのまなざしを歴史的に追い、「性の解放と抑圧のパラドックス」などの視角からセクシュアリティの変容の実態を照らす。1600円＋税

守 如子

女はポルノを読む

女性の性欲とフェミニズム

レディコミやＢＬを読み、読者投稿や編集者へのインタビューも交えて、ポルノ＝女性の商品化論が隠している女性の性的能動性を肯定し、ポルノを消費する主体としての存在を宣言する。1600円＋税

山崎明子／黒田加奈子／池川玲子／新保淳乃 ほか

ひとはなぜ乳房を求めるのか

危機の時代のジェンダー表象

ヨーロッパ中世、近世イタリア、戦中・戦後の日本映画、ピンクリボンキャンペーンなど、古今東西の乳房イメージと社会との関係を明らかにして、乳房を取り巻くジェンダー力学に迫る。1600円＋税